Geist:
Unterschiede zur KI
Verbindung zum Göttlichen

Wunder der Schöpfung

Staunendes Nachdenken als Gebet
Band 4

Maria Wolf

Geist:
Unterschiede zur KI
Verbindung zum Göttlichen

Wunder der Schöpfung

**Staunendes Nachdenken als Gebet
Band 4**

Bibliografische Information der Deutschen
Nationalbibliothek: Die Deutsche Nationalbibliothek
verzeichnet diese Publikation in der Deutschen
Nationalbibliografie; detaillierte bibliografische Daten sind
im Internet über http://dnb.dnb.de abrufbar.

© 2023, Maria Wolf
Herstellung und Verlag:
BoD – Books on Demand, Norderstedt

ISBN: 9783743100619

Inhaltsverzeichnis

Vorwort..10

Der geniale, machtvolle und zugleich gefährliche menschliche Geist..13

Verlust des Überblicks über Zusammenhänge.........................13
Wandel der Beziehungen – unter uns Menschen, zu unserer nährenden und zu unserer symbiotischen Umwelt..................17
Schwarz-weiß, grau und rechteckig..21
Unsere Welt wird immer abstrakter, virtueller und mathematischer – Beispiel Geld..24
Die Zahl als „nackte" 1-dimensionale Größe – Computer als Rechenmaschinen..28
Nimmt das Schwarz-weiß-Denken auch unter uns Menschen zu?...32
Was die Sprache verrät...33

Die Enge des punkt-exakten kalten Maschinen-Rechnens - Vergleiche: Rechner, KI und lebendiger Geist........................35

Langsam gereifter Geist..35
KI: Zeitpunkt-gebunden – Menschen: fähig Zeit-Räume anders als berechnend als Ganzes zu überblicken und wahrzunehmen – notwendig für Gefühle, Empfinden, Erleben..36
Ab-straktes Berechnen, Berechnen als feste Formel: zeitlos...40
Rechner-Rechnen: Verbindung der ab-strakten Größen mit der Wirk-lichkeit..43
Gerichtetes Wollen: wie Elektronen 1-dimensional rechnen und eine virtuelle Welt von unten aufbauen – Menschlicher Geist: auch Überblick von höheren Dimensionen aus möglich: Daseins-Sinn und Willensfreiheit..................45
Menschliches Denken einlinig und auf natürliche Weise

wohlgeordnet..49
Menschliches Denken ist mit Gefühlen und Empfindungen
verbunden – in der sachlichen Arbeitswelt heute oft
sehr einseitig und reduziert...50
Das Wunder vielfältiger gleichzeitiger menschlicher
Wahr-nehmung und der Vorfilterung durch den Geist...........51
Geistiges Wahrnehmen von zugleich Isoliertem und
Zusammengehörigem / Ineinander Verschachteltes,
unglaubliche Informationsmenge im Geist stets am Werk…55
Rechner: Größen sind Ausdehnungen, sie werden mit
kleineren Größeneinheiten gemessen, für den Rechner
bleiben alle Informationen abstrakt.....................................57
Rechner verstehen Ausdehnungen nur rechnerisch, aber
nicht als Freiräume – der Rechner kennt keine kleinsten
Einheiten um Ausdehnungen wirklich daraus aufbauen zu
können, daher kann er auch Ausdehnungen nie wirklich
begreifen, sie bleiben ihm abstrakt 61
Berechnungen aller molekularen Veränderungen in einem
Raum nahezu unmöglich..64
Nichts, Leerheit, Unendlichkeit...65
Der Rechner als „Künstler"...68
Leben wir in Zukunft in einem Science-Fiction Horror-
Szenario? Gut möglich, wenn wir nicht klug handeln..........69
Ausdehnungen – sachliche Zahlen-Werte für den Rechner,
für uns gefühlt erfahrbar...83

**Erbsünde – Symbol für den Beginn des schwarz-weiß
Denkens?..87**

**Die Fähigkeit zu Weite und Offenheit
des lebendigen Geistes..101**

Fähigkeiten, die dem menschlichen Geist inne wohnen,
die der Rechner-Leistung und der KI aber fehlen................102
Ausdehnungen erleben, Vielfalt der Möglichkeiten, Weite
und Offenheit und Ahnen des Göttlichen............................103
Geheimnisvolle Möglichkeiten...109

Fähigkeit zum Überblick – und warum Überblick über
eine 3-dimensionale physische Körper-Welt die
4. Dimension des Zeit-Raums braucht...............118
Bewusstsein...............123
Gefühl und Erleben...............126
Empfinden von Schönheit...............137
Wollen und Willens-Freiheit...............141
Unterschiede: Gefühle und Wollen...............153
Sinn-Orientierung...............156
Verbindung zum Göttlichen...............157
Daseins-Bejahung, Liebe...............159
Bergwanderung – eine kleine Geschichte...............160

Vorwort

Der menschliche Geist ist wunderbar, schön und staunenswert – und zugleich auch schrecklich.

Allem Leben wohnt meiner Meinung nach Geist inne, aber nur wir Menschen sind in der Lage, mit unserem Geist alle Lebensgrundlagen auf unserer Erde zu vernichten, oder umgekehrt unsere Fähigkeiten für allgemein lebens-förderliche Dinge einzusetzen.
Leider ist nicht immer klar erkennbar, was langfristig zerstört, oder welche Entwicklungen heilsam sind und im guten Sinne aufbauend.
Während ich in den anderen Bändchen der Reihe „Wunder der Schöpfung" ganz überwiegend die Schöpfung lobpreise, so beginne ich in diesem Büchlein mit vielen kritischen Gedanken zu unserem menschlichen Tun, das ja unserem Geist entspringt.
Doch ich kann mich nicht an unserem Geist erfreuen, wenn ich die dunklen Seiten unserer geistigen Macht verdränge. Nur Licht und Schatten zusammen ergeben die Wirklichkeit, sind im tieferen Sinne wahr.
Daher möchte ich sowohl das Dunkle als auch das Strahlende unseres Geistes aufzeigen.

Beim Schreiben wurde mir auch zusehends immer mehr bewusst, wie wichtig es in Zukunft sein wird, den Unterschied des menschlichen Geistes zum „rechnenden Denken" der Computer herauszuarbeiten. Denn leider scheinen immer mehr Menschen zu glauben, Rechner und Roboter mit KI könnten uns bald ähnlich werden (die Roboterin Sophia, über die man reichlich Videos im Netz finden kann, trägt unter anderem bei Laien mit dazu bei).
Dies hat hier zu teilweise sehr abstrakten und in die Mathematik hineinreichenden Themen geführt. Leider mussten diese Themen, um verständlich erklärt zu werden, einen größeren Raum einnehmen als vorgesehen.
Ich halte es in unserer Zeit für dringend notwendig, den Unterschied zwischen KI und dem menschlichem Geist von vielen verschiedenen Seiten her zu begreifen. Hierzu möchte ich einen kleinen Beitrag leisten. Sollte die eine oder andere These vielleicht nicht ganz haltbar sein, so könnte sie doch ein interessanter Hinweis werden, in welche Richtung man noch zusätzlich differenzierend blicken könnte.

Nicht nur allgemein technisch und gesellschaftlich ist dieses Unterscheiden von lebendigem Geist und KI wichtig, auch für das Verständnis des Menschen aus religiöser Sicht ist die hier angenommene tiefgreifende Verschiedenheit von KI und menschlichem Geist bedeutsam.

Meine Thesen sind bisher nicht von Experten überprüft worden. Sie können aber möglicherweise die eine oder andere neue Betrachtungsweise aufzeigen.

Ich habe mich seit Jahrzehnten immer wieder mit Fragen der IT und inzwischen auch mit der KI beschäftigt, doch der Leser soll wissen: ich kann nicht die unzählige und rasant wachsende Literatur zu IT und KI umfassend durchstudieren.

Aber gerade, weil ich mir selbst viele eigene Gedanken über die KI mache, können diese Überlegungen vielleicht neue Ansätze enthalten, die interessant werden könnten.

Mir geht es nicht darum, hier ein völlig korrektes Weltbild aufzubauen. Es mögen hier noch zahlreiche Irrtümer enthalten sein. Mir geht es darum aufzuzeigen, dass es durchaus möglich und beglückend sein kann, das wissenschaftliche Weltbild neben das religiös-christliche zu stellen, ohne dass sie sich gegenseitig in ihrer Logik „verletzen".

Allerdings wird dabei das rein wissenschaftliche Weltbild auf das reduziert, was es tatsächlich zu sagen und zu leisten vermag. Doch gute und selbstkritische Wissenschaftler wissen schon längst, dass Wissenschaft nicht alles begreifen, beschreiben und beherrschen kann.

Doch leider entsteht meiner Beobachtung nach derzeit ein weit verbreiteter „Wissenschafts-Glaube", der religiöse Weltanschauungen und Lebenspraxen abzulösen beginnt. Diesem „Glauben" hängen oft Menschen an, die nicht selbst Wissenschaft betreiben. Und die wissenschaftliche Welt will sich nicht selbst schaden und ihre Geldgeber verunsichern, indem sie ihre Ergebnisse nach außen öffentlich kritisch hinterfragt.

Dies halte ich für eine nicht sehr erfreuliche Entwicklung, die die tiefere Wahrheitssuche verdunkelt. Daher versuche ich, Wissenschaft und Religion in einem umfassenden Bogen zu umspannen – dabei wird für einen gläubigen Menschen wie mich, das letztendlich Religiöse das Umfassendere, das Grundlegendere bleiben.

Ich denke, es wird in Zukunft wichtig werden, dass sich vor allem die Kirchen auch mehr mit der technischen und wissenschaftlichen Welt beschäftigen, damit sie ihren Gläubigen auch einen Halt geben können, in den Fragen, die sich zwischen wissenschaftlichem Weltbild und Glaubensvorstellungen auftun.
Ich möchte und kann hier auch nur einen kleinen „tastenden" Beitrag leisten. Aber vielleicht gelingt es mir, in dem einen oder anderen noch viel zu hinterfragenden Bereich einen – vielleicht manchmal provozierenden und ungewöhnlichen - Anstoß zu geben.

Ich würde mir wünschen, dass es viel mehr auch in der Öffentlichkeit bekannt werdende Gespräche zu den neuen Glaubens-Fragen geben würde: Kirchenvertreter und Geistliche auf der einen Seite, Physiker, IT-Entwickler, Psychologen, Hirnforscher und Philosophen auf der anderen.

Besonders die Künstliche Intelligenz, die KI, macht es notwendig, aus ganz neuen Blickwinkeln auf unseren Geist zu schauen. Wir könnten vielleicht manche Aspekte ganz neu verstehen lernen. Und ich halte es für denkbar, dass dadurch der religiöse Blickwinkel wieder mehr in den Vordergrund kommen könnte.

Für mich war es sehr anstrengend und zugleich spannend und schön, die wissenschaftliche Weltsicht mit Rechnern und KI zusammen mit dem christlichen Glauben zu untersuchen und den Inhalten nachzuspüren. Diese „Konfrontation" ist im Geist nicht immer leicht zu bewerkstelligen, aber es ist eine spannende und herausfordernde Aufgabe.

Meine Gedanken verstehe ich nicht als Wahrheitsanspruch. Aber ich würde mich freuen, wenn manche Überlegungen anregend wirken könnten.

Die Kapitel stehen im allgemeinen für sich selbst und können unabhängig von anderen Kapiteln gelesen werden.

Ich hoffe, dass ich meine Überlegungen zu den Unterschieden zwischen KI und dem menschlichem Geist gut leserlich herausgearbeitet habe. Es ist keine leichte Aufgabe. Aber vor allem würde ich mich freuen, wenn es mir auf der anderen Seite doch bisweilen gelungen sein möge, das Wunderbare unseres Geistes zusammen mit dem Göttlichen Geist lebendig darzustellen.

Maria Wolf   München, den 21.03.2023

Der geniale, machtvolle und zugleich gefährliche menschliche Geist

In diesem Teil des Büchleins geht es um kritische Bemerkungen zur Entwicklung unserer modernen Gesellschaft. Für diese Entwicklungen sind wir Menschen selbst verantwortlich. Du, oh Herr, hast uns eine wunderbare, in sich wohl abgestimmte Schöpfung geschenkt. Sollten wir zu hochmütig werden und beispielsweise alles bis in die tiefsten Gene hinein verändern wollen, und in umfassender Weise durch den Einsatz von Künstlicher Intelligenz steuern wollen, so befürchte ich, oh Herr und allwissender Gott, dass wir damit längerfristig kläglich und vielleicht sogar katastrophal scheitern werden. Denn wir besitzen nicht Deine umfassende Weisheit, wir erkennen nicht alle Zusammenhänge, und wir wollen doch so vieles selbst in die Hand nehmen.

Ab dem Kapitel „Die Weite und Offenheit des Geistes: warum der Geist so viel mehr ist als ein Denkorgan" aber geht es dann um die staunende Bewunderung für den Geist als Dein wundervolles Schöpfungswerk, und um Aspekte, die den Geist von der körperlichen Welt unterscheiden und ihm Überblick, Gefühle, Erleben und Sinnempfinden schenken.

Verlust des Überblicks über Zusammenhänge

Unser Geist hungert. Ihm fehlt das verstehende Er-leben. Und ihm fehlt auch oft die demütige, vertrauensvoll offene Verbindung zu Dir, oh Gott, doch dies wird hier nicht das Hauptthema sein.

Wir haben die Verbindung zum Ursprung der Dinge und des Daseins verloren:
Wir haben die Verbindung zum Ursprung verloren, sowohl, oh Herr, die dankbare Verbindung zu unserem eigenen Ursprung in Deiner Schöpfung, als auch die Verbindung zu den Grundlagen der alltäglichen Notwendigkeiten unseres Daseins wie Nahrung und Kleidung. Wir sehen die Nahrung nicht wachsen, sehen nicht die Herstellung von Kleidung, wissen oft gar nicht, woher alles kommt und wer alles welche Arbeiten verrichten musste, damit Lebensmittel auf unserem Tisch als Speise liegen können oder die Klei-

dung bei uns im Schrank hängen.

Wir haben die Verbindung zum Ergebnis unseres Handelns verloren.

Wir haben oft keine Verbindung mehr, mein Herr und mein Gott, zu dem, was unsere Arbeit bedeutet, bewirkt, auslöst, welchen tieferen Sinn, oh Herr, sie haben könnte.

Und wir haben oft keine Verbindung zu dem, was unser Handeln – beispielsweise unser Kaufverhalten - für Menschen anderer Länder bedeutet. Und wir verändern die Natur und ihre Kreisläufe, verbrauchen Ressourcen, nutzen unsere Nahrungsgrundlage - die Böden – auf unnatürlich Weise, wir verursachen Artensterben, und vieles mehr, was wir eigentlich gar nicht wollen. Aber davon wissen wir meist nur sehr allgemein etwas, und selten sehen wir genau, wie unser eigenes Handeln damit eingebunden ist.

Wir bewegen und verändern ungeheuer viel, oh Herr, auf unserem begrenzten Planeten: mit Geld, mit Klicks und mit virtuellen Botschaften. Technik-Wissen und Energie-Gewinnung und Internet-Vernetzung geben uns die Macht, oft nur mit unseren tippenden, klickenden und wischenden Fingern ungeheure Veränderungen auf unserer irdischen Heimat hervorzurufen.

Auch wissen wir nicht mehr mit Sicherheit, was unserem Körper gut tut. Es gibt so viele widersprüchliche Ratgeber, oh Gott und Schöpfer des Daseins: es gibt die Experten-Medizin und die Alternativ-Medizin, die teilweise jeweils völlig entgegen gesetzte Ansichten vertreten, es gibt die unterschiedlichsten Ernährungs-Ratgeber, Nahrungs-Ergänzung wird empfohlen und auch abgelehnt – wie sollen wir uns da, oh Herr, noch ein klares Bild machen? Es scheint, als müssten wir wieder anfangen, alles selbst ausprobieren, um zu wissen, was uns gut tut.

Viele, oh Herr und Gott, fühlen sich auch unsicher, was die Zukunft bringen wird: beruflich gibt es ständige Änderungen, die Unternehmen, Märkte und Waren sind global voneinander abhängig, Finanzspekulation und Geldkonzentration und weltweiter Wettbewerb sind in ihren zukünftigen Auswirkungen schwer einzuschätzen, Ressourcen-Knappheit und Umweltverschmutzung zeigen uns, dass sich noch vieles ändern muss, ökologisch und beim Klima gibt es große Befürchtungen, Gentechnik und Künstliche Intelligenz wecken Hoffnungen und Ängste zugleich, Unsicherheit besteht, was Kriege und Flüchtlinge und Not in anderen Ländern für die Zukunft bedeuten mögen, auch zur Überalterung und zum Fachkräftemangel sind noch viele Fragen offen. Hinzu kommt, dass sich manche fragen, ob die Politiker wirklich noch den Durchblick haben, oder nur den Lobbyisten folgen.

Und wie als Symbol dafür, dass wir unsere lebendigen Verbindungen zur Wirklichkeit verlieren, oh weiser Herr und Gott, werden in unserem Land die Ufer-verbindenden Brücken marode.

Wir haben auch vielfach unseren mystisch-geheimnisvoll offenen und doch uns tragenden Glauben zu Dir, oh Gott, durch einen scheinbar einfachen und eindeutigen schwarz-weißen ja-nein-Glauben an wissenschaftliche Ergebnisse ersetzt.

Wir fühlen unterschwellig, oh Herr, wie distanziert unser Wissen ist: vieles an unserem Wissen ist nicht mehr durch eigenes Er-leben gefestigt und anschaulich begreifbar. Und wir bekommen Angst, eine Angst, die schwer zu fassen und zu beschreiben ist.

Ohne greifbaren Adressaten für unsere Angst neigen wir dazu, ungeduldig, ungerecht und kurzsichtig zu werden, oh mein Herr und Gott. Wir rufen nach einem Fakten-Check: doch auch mit Fakten-Checks ist eigentlich nur Glauben möglich, der Glaube, dass der Check korrekt ist. Wo wir selbst nicht mehr durch das Er-leben etwas einschätzen können, oh Herr, dort breitet sich leicht Unsicherheit aus, die gerne auch von mancher Seite geschürt und ausgenutzt wird. Die Unsicherheit möchte sich aber oft keiner gerne eingestehen, und so tritt man dann forsch auf, um sich selbst und andere von der eigenen täuschenden Sicherheit zu überzeugen. Und plötzlich stehen scheinbar „unumstößliche" Ansichten im Raum, die aber manches mal nur aus der Unsicherheit geboren sind.

Oh mein Herr und Gott: der anfangs fröhlich, munter und lebendig dahin plätschernde kleine Fluss des Wandels hat sich in einen breiten, wuchtigen und doch trägen Strom verwandelt, träge, was seine Richtung angeht, denn er ändert nur noch schwer seine Ausrichtung. Und in diese Richtung reißt er nahezu alles mit. Die Fluten des Stroms steigen, und der Strom beginnt das Land mit seinen mitführten Neuerungen zu überschwemmen. Schnell steigt das Wasser immer höher, das Flussbett kann die Wasser-Massen nicht mehr geordnet halten und führen. Zusammenhänge werden unter der Flut des schnellen Wandels nicht mehr erkennbar, der Boden des Er-kennbaren ist mit einer trüben, turbulenten und undurchsichtigen Flut überschwemmt. Nur einzelne „Experten-Inseln", „Berater-Gruppen" und „Ethik-Kommissionen" ragen noch sichtbar aus den undurchschaubaren Wassermengen heraus. Aber es ist alles zu viel, sie werden der Neuigkeiten-Schwemme nicht mehr Herr, der Strom, macht was er will.

Demokratie, Gesetzesflut und Freiheit alleine, oh Herr und Schöpfer-Gott, können die Wasser nicht mehr eindämmen. Neue Ideen, neue Werte, neue Orientierungen, neues Er-leben werden nötig sein.

Beten zu Dir, oh Gott, so hoffe ich, könnte die rettende „Arche Noah" sein.

Wenn alles ins Rutschen kommt, so bist Du, oh Herr, der Anker und der Halt, der niemals wankt, ist es Deine Hand, die immer hoffen lässt.

Angst ohne Hoffnung und Orientierung führt zu Panik, zur Suche nach Schuldigen, zu Streit und möglicherweise zu vernichtenden Kriegen, denn Krieg erscheint dann besser als Tatenlosigkeit.

Beten – und dafür danke ich Dir, oh Herr - kann wieder Hoffnung schenken, kann den Geist öffnen und beruhigen, kann die Gedanken, Bilder und Knoten im Kopf klären und lösen. Beten, kann Lösungen aufscheinen lassen und dazu die Kraft und die Geduld schenken, diese Lösungswege auch anzupacken, mit Freude und mit Begeisterung. Es kann eine Begeisterung werden, die mit Deiner Hilfe, oh Herr, ansteckend wirkt, die ausstrahlt, und mit der andere überzeugt werden können, so dass sie auch gerne mitmachen und mit dabei sind. So bitte ich, oh Herr, um die Hilfe Deines Heiligen Geistes für uns.

Wer, wenn nicht Du, oh Gott und Schöpfer der Welt, kann uns noch helfen. Denn Du vermagst alles, wenn es Dein Wille ist. Im Gebet zu Dir liegt meine und unsere Hoffnung. Amen.

Wandel der Beziehungen – unter uns Menschen, zu unserer nährenden und zu unserer symbiotischen Umwelt

Heute, oh Herr, stehen uns über das Internet unzählige Kontaktmöglichkeiten offen, und das – wenn man die Sprache beherrscht – weltweit. Es braucht also, oh Gott, keiner völlig einsam zu bleiben, der es nicht möchte und der einen Computer bedienen kann. Digitale Freundschaften sind weniger verpflichtend und beanspruchen weniger Sinne, als Freundschaften mit Zusammensein in der wirklichen und nicht nur in der virtuellen Welt. Manches kann in der wirklichen Begegnung nerven (beispielsweise Körpergeruch), was bei digitalen Kontakten weg fällt. Man „rauft" sich dann aber auch seltener zusammen, sondern man kann einfach auf das Antworten verzichten, wenn einem der andere nicht mehr passt. Beides: wirkliche und virtuelle Kontakte hat meiner Ansicht nach, oh Herr, seine Vor- und Nachteile. Glücklich, wer beide Weisen von Freundschaft und Zusammensein pflegen kann.
Aber unsere Beziehungen zu anderen Menschen, mein Herr und mein Gott, sind großenteils immer kurzfristiger und dabei getrennt in privaten Bereich und Arbeitsbereich. Die geforderte und auch gewünschte Mobilität trennt Gemeinschaften. Meist kennen wir nur wenige Menschen während eines langen Lebenszyklus, zu nur wenigen Menschen verbindet uns Nähe von Kindheit bis zum Alter.
Und weil wir auch nur mehr selten in Not auf andere angewiesen sind, oh mein Herr und mein Gott – Versicherungen und Staat helfen in vielen Situationen – so lernen wir auch oft nicht mehr, wie die Menschen meiner Umgebung sich mir gegenüber verhalten, wenn es mir schlecht geht. Nicht alle Menschen erfahren deshalb, dass etliche „Freunde" in der Not keine Freunde mehr sind, während andere aber erstaunlicherweise für sie da sind.

Diese Vereinfachung und Verkürzung von Begegnungen kann auf den Geist verunsichernd wirken. Denn wir ahnen vermutlich alle, dass es im Leben Situationen geben kann, in denen ich andere brauche, sei es in praktischer oder in seelischer Hinsicht.
So ist es möglich, oh Herr, dass ich viele Kontakte pflege, und mich trotzdem irgendwie einsam fühle. Dies kann geschehen,

wenn mich die Menschen meines Umfeldes und angebliche Freunde nicht wirklich in schwierigen Situationen kennen lernen. Denn gemeinsames Durchstehen von Schwierigkeiten verbindet und lässt das Vertrauen zueinander in die Tiefe der Seele reichen. Solche Erfahrungen können mir innerlich Halt und Zuversicht schenken.

Auch Sterben und Tod anderer Menschen erleben die meisten von uns kaum noch – anders als früher, wo viele Menschen zu Hause und nicht in der Klinik starben. Möglicherweise werden dadurch das Sterben und der Tod für uns besonders bedrohlich und unheimlich. Denn es kann sehr tröstlich und beruhigend sein, zu erleben, wie jemand in hohem Alter friedlich den Tod erwartet.

Wir sind - oh Herr, Du allein siehst es - ohne dass wir es uns bewusst machen, mit so vielen unzähligen, für uns unsichtbaren Menschen verbunden, die weltweit verbreitet Arbeiten und Tätigkeiten verrichten, damit wir unser Leben so führen können, wie wir es führen. Es ist erstaunlich, wie Milliarden von Menschen global mit ihren Arbeiten in aller verschiedensten Bereichen zusammen wirken. Wir vergessen gerne dankbar dafür zu sein, bezahlen wir doch für Waren und Dienstleistungen – diese Einstellung aber macht einsamer. Ich finde, trotz Bezahlung ist Dankbarkeit den unbekannten Menschen gegenüber auch für mich selber wohltuend. Ist es nicht wunderbar, dass wir eine so große Menschen-Gemeinschaft sind, in der wir alle zusammen wirken, um unser Dasein zu gestalten?

Doch noch auf einer ganz anderen Ebene werden wir vielfach einsamer, auch wenn wir es nicht bewusst wahrnehmen:
Wir verlieren, oh Herr, immer mehr die Verbindung zum Leben außerhalb von uns Menschen.
So ist uns oft nicht mehr bewusst, oh Gott und Schöpfer, dass unsere Nahrung zuvor lebendig war. Es waren Tiere oder auch Pflanzen, die gelebt haben. Wir nehmen Nahrung zu uns, die nicht leblos war. Es sind Zellen und Organe von Lebewesen. Das Wirken des Lebendigen steckt noch in der Nahrung, daher kann sie uns nähren.
Aber im Supermarkt liegen die Lebensmittel, als wären sie schon immer tote Materie gewesen, in abgepackten Folien, hygienisch und unberührbar. Dass es Lebens-Materie ist, das stört oft eher,

denn andere Lebewesen, wie Bakterien und Schimmelpilze lassen sich die Lebens-mittel auch gerne schmecken. So erleben wir, oh Gott, das Lebens-spendende der Nahrung – auch für andere Lebewesen - öfters eher als unangenehm. Durch unsere durchgängige Versorgung mit Lebensmitteln im Supermarkt wird uns dagegen gar nicht mehr so recht bewusst, dass auch wir ohne Nahrung sterben würden. Teilweise ist uns die Verführung unseres Appetits zum Essen sogar ärgerlich, weil sie uns überflüssige Pfunde beschert. Wer, oh Herr und Gott, empfindet da noch Dankbarkeit für die Pflanzen und Tiere, die mit ihrem Leben uns das Leben schenken? Bei manchen indigenen Völkern war es üblich, sich bei einem erlegten Tier zu bedanken. Heute leben viele ohne Fleisch, damit keine Tiere getötet werden für unser Essen. Aber Tiere zu essen, kann auch eine Form der „Lebens-Gemeinschaft" sein – hoffentlich aber mit Tieren, die „artgerecht" leben durften. Die Natur zumindest hat es so vorgesehen, dass wir einander Nahrung sind. Und Dein wunderbares Schöpfungswerk, oh Herr, hast Du so auch angelegt. Alle Raubtiere tun es uns gleich. Und auch wenn wir Pflanzen essen, sterben die Pflanzen – sie geben uns ihre Lebenskraft, und ich empfinde Dankbarkeit dafür.

Früher, oh Herr und Gott, wurde in den meisten Familien vor dem Essen ein Tischgebet gebetet, dabei wurde für die Speisen gedankt und sie wurden oft auch gesegnet. So wurde der Geist immer wieder daran erinnert, dass Nahrung kein „einklagbares" Recht der Natur ist, sondern ein Geschenk.

Wir kennen oft nicht mehr wirklich, oh Herr und Gott, was wir essend zu uns nehmen. Wir erleben nicht mehr, wie der Bauer früher, dass Samen aus einer eigenen Ernte aufbewahrt werden und wie ein Wunder nach der Aussaat wieder keimen und wachsen und neue Pflanzen alleine aus sich selbst hervorbringen. Und ebenso sehen wir nicht mehr die Geburt von Schweinen oder Kühen, sehen nicht das Küken aus dem Ei schlüpfen. Wir verlieren den Kontakt zur Lebendigkeit unserer Nahrung.

Sogar der industrielle Landwirt, oh Herr und Gott, dürfte allmählich immer mehr von seinen Produkten getrennt werden: er braucht bei großen Anbietern eingekauftes, nicht mehr samenfestes, darunter auch gentechnisch verändertes Saatgut, er benutzt Fungizide, Pestizide und Herbizide, deren notwendige Ausbringung die Schwächlichkeit der hochgezüchteten Pflanzen aufzeigen. In Zuchtanstalten für Mast-Tiere interessiert nur noch der finanzielle

Marktwert, die Tiere werden computergesteuert versorgt, teils mit Futter, das aus Südamerika oder sonst von weit her kommt, das möglicherweise genverändert ist, und das nicht mehr vom eigenen Feld stammt. Und die schnell wachsenden oder Eier und Milch „produzierenden",,Turbo-Tiere" benötigen oft Antibiotika, um überhaupt überlebensfähig zu sein.

Glücklicherweise gibt es hier schon seit einiger Zeit Gegenbewegungen in der Bio-Landwirtschaft. Allerdings, oh Herr, ist es ein weiter Weg vom Um-denken zum großflächigen Um-ändern. Mögest Du uns dabei beistehen.
Vor einiger Zeit sah ich einmal einen Film über einen Bio-Bauern. Er musste viel „schuften", um seinen Ertrag zu erhalten. Doch als er gefragt wurde, was für ihn das Schönste in seinem Leben wäre, antwortete er mit strahlenden Augen: seine Arbeit. Und nach einer kurzen überlegenden Pause fügte er verschmitzt lächelnd hinzu: „am zweitschönsten". Er kannte wohl mit seiner Frau noch etwas Schöneres....

Übrigens: ohne Schafe hätten wir früher wenig warme Kleidung gehabt, und ohne Pferde und Esel wären wir wahrscheinlich noch vormittelalterlich, da die Bewegung und der Transport vor der Erfindung der Eisenbahn ohne dies bereitwilligen Tiere sehr langsam und mühsam gewesen wäre, und somit auch unsere kulturelle Entwicklung nur schleppend. Wir danken Dir, oh Schöpfer-Gott und Deinen Geschöpfen viel zu wenig.
Wir sind nicht allein: viele Lebewesen, Pflanzen und andere Menschen erhalten uns am Leben.

Aber nicht nur der bäuerlichen Welt der lebendigen Nahrung sind wir entfremdet, auch dem Leben auf und in unserem Körper stehen wir kritisch gegenüber.
Erst allmählich, oh Herr, wird uns bewusst, dass wir nicht nur schädliche und gefährliche Bakterien in uns haben können, sondern vielmehr unzählige helfende Mikroben: Bakterien die unsere Haut schützen, unseren Mund- Nasen- und Rachenraum, und dazu kommen die vielen Bakterien-Stämme, ohne die unsere Verdauung nicht möglich wäre. Wir leben mit ihnen zusammen, können nur zusammen überleben.
Aber wir bekämpfen vielfach unsere Helfer: mit Deos, mit über-

mäßigem Duschen, mit Antibiotika, mit extremer Hygiene. Auch hier, oh Herr, bin ich froh, dass langsam ein Umdenken stattfindet.

Und wir wissen oft nicht, oder wollen es gar nicht wissen, dass viele Lebensmittel durch Bakterien und Pilze erst richtig lecker werden: Wein, Bier, Joghurt, Brot und Semmeln, sauer Vergorenes, Essig, Sauerkraut und vermutlich noch so manches mehr gäbe es ohne Bakterien gar nicht.

Oh Herr und Schöpfer-Gott, Du hast die Welt so wunderbar eingerichtet, dass alles Lebendige in voneinander zehrenden Lebens-Gemeinschaften im Dasein bestehen kann. Schenke uns, oh Herr, wieder das dankbare Er-leben und Begreifen dieser lebendigen Verbindungen, die Du auch für uns Menschen vorgesehen hast.

Schwarz-weiß, grau und rechteckig

Wir Menschen gestalten mit unserem zunehmenden Wissen unsere Welt immer mehr um, ich würde sagen, oh Herr, wir „krempeln sie um", so vieles verändern wir.

Doch die Veränderungen wirken sich auch auf unsere Umgebung und auch auf unseren Geist aus. Vieles wird abstrakter, schwarzweißer mit grauen Zwischentönen, aber ohne fröhliche Farbigkeit oder tiefgründiges Erleben. Und das Rechteckige oder Quaderförmige umgibt uns unvergleichlich mehr, als früher in der Natur, oh Herr.

Komplexeres Wissen, Bürokratie und Justiz, oh Gott des weiten Geistes, verlangen abstrahierte Eindeutigkeit. Das jedoch bedeutet schwarz-weiß Denken, Zwischentöne zwischen zwei gegensätzlichen Positionen führen zu Grauwerten, die wiederum eindeutig einzuordnen sind. Es gibt keine seriösen und zugleich fröhlichen oder auch düsteren oder sonst irgendwie gefärbten Erlebnis-Berichte von amtlicher, wissenschaftlicher oder offizieller Seite.
Nicht umsonst, oh Herr, spricht man von „grauer Theorie", empfindet man Verwaltungsakte als zwar notwendig aber unangenehm gewaltsam formal und auf ein eindeutiges Ziel gerichtet, sie sind nicht feinfühlig und tiefsinnig. Und die Aufgabe von Gesetzestexten ist es, ein bestimmtes Verhalten zu verhindern, oder uns zu bestimmten, notwendigen Verhaltensweisen zu zwingen (beispiels-

weise Steuern zahlen oder Schulbesuch). Ebenso dienen Gesetze dazu, bestimmte, genau nachvollziehbare Urteile zu sprechen - Gefühle dürfen beim Vollzug keine Rolle spielen.

In der Schule, oh Gott, werden vor allem graue Sachthemen behandelt, logisches Denken geschult und erlernbares Faktenwissen vermittelt. Allerdings lockern Kunst- Musik- und Sportunterricht das Grau des Schulalltags etwas auf.

Auch unser Wissen, oh Herr der allumfassenden Weisheit, verlangt Eindeutigkeit und eindeutige Logik, sonst ist es kein Wissen, höchstens eine Vermutung. Glauben und Wissen werden in unserer Welt scharf getrennt.

Wissen sagt mir: etwas ist so, oder etwas ist nicht so. Wissen ist überprüfbar, Experimente, die zu Wissen führen, müssen wiederholbar sein.

Dadurch ist auch Wissen schwarz-weiß, mit Grautönen, wenn sich Faktoren begegnen und einen neuen Wert, eine neue feststellbare Richtung ergeben, historisch oder rechnerisch logisch eindeutig aus den vorhergehenden Faktoren ableitbar.

Heute versucht man, oh Herr des Daseins, Wissen auch spielerisch und „bunt" zu vermitteln, da unser Geist dann eher aufmerksam ist, das Gelernte besser in der Erinnerung bleibt, und das Lernen mehr Freude macht. So gibt es wunderschöne Naturfilme, die Wissen über Arten in fremden Ländern vermitteln und gleichzeitig ein Genuss für Augen und Sinne sind. Das mitgeteilte Wissen sollte dabei aber eindeutig und belegbar bleiben, und sollte keine Fantasie-Erzählung darstellen.

So ist auch unsere inzwischen riesige Welt des Wissens, oh großer Herr und Gott, sachlich kalt und selbstverständlich wünschenswert eindeutig, also im Grunde schwarz-weiß und grau.

Doch nur so ließen sich die unglaublichen Ergebnisse unserer modernen Technik erzielen: alle angewandten Naturgesetze müssen zuverlässig und ziemlich eindeutig funktionieren, wenn es nicht zu Fehlschlägen und Schäden kommen soll. Dass die Wirklichkeit mit unseren Berechnungen ein wenig „spielt" und manches mal auch schon auf technischer Ebene Faktoren ins Spiel bringt, die nicht erwartet waren, das zeigt, dass wir trotz unserer Technik in einer vielseitigen und wandelbaren und nicht vollständig voraus berechenbaren Welt leben.

Heutzutage, so fällt mir auf, oh Herr, wird vieles auch tatsächlich entweder schrill auffallend (also auch ohne feine Zwischentöne) oder schwarz-weiß oder grau gestaltet, was früher bunt war. Vielleicht entspricht das Schwarz-weiße einem Bedürfnis nach Seriosität, nach Eindeutigkeit und Festgelegtheit. So ist die Kleidung in meiner Erinnerung früher farbenfroher gewesen, und Autos waren nicht hauptsächlich weiß, schwarz, grau, dunkelblau oder silbermetallic, sondern sie hatten viel öfters bunte Farben und waren manchmal sogar selbst bemalt. Und sogar Kinderwägen sind heute vielfach schwarz oder dunkelblau, während sie in meiner Erinnerung früher fröhlich-bunt gewesen sind.

Das Schwarz-weiß Denken führt auch oft zu einheitlichen praktischen Formen, die als einzige sinnvoll erscheinen. Und das Nutzen von Berechenbarkeit spiegelt sich ebenfalls weiter in unserer Umwelt, in der vieles vor allem auf den Nutzen hin berechnet wird und dann immer wieder wiederholt wird.

Menschenwerke, oh Herr der Vielfalt und Lebendigkeit, Menschenwerke sind in sehr großer Zahl rechteckig oder quaderförmig. Man braucht sich nur in der eigenen Wohnung umsehen. Wiederholbare gleiche Fertigung gelingt meist besser in diesen Formen, und der benötigte Raum kann so von uns besser eingeteilt werden. Quaderförmige Schachteln beispielsweise lassen sich viel besser stapeln, als krumme. Ein „ausgebeultes" Filmformat würde gezeigte Filme beschneiden, außer alle Filme hätten die gleichen „Beulen". Ein Buch ist rechteckig am praktischsten und lässt sich in einem rechteckigen Format am besten blättern. Zur Vereinheitlichung gibt es sogar DIN-Formate. Was nicht rechteckig ist, ist häufig genau kreisförmig, beispielsweise Töpfe und Pfannen.

Bei der alten handwerklichen Fertigung war die Variationsbreite allerdings etwas größer, vor allem durch die natürliche Variation bei Materialien wie Holz, und bei der Führung der formenden Hand.

In der Natur kommen exakte Rechtecke, Quader und genaue Kreise fast gar nicht vor. Selbst bei Kristallen, die sehr kantig sind, ist doch jeder Kristall ein wenig anders.

Und im Lebendigen, oh Schöpfer des Daseins, ist die Variation der zu Grunde liegenden Form zur Meisterschaft gelangt.

Betrachtet man einen Baum im Winter, so sind alle Äste und Seitenäste unterschiedlich gestaltet – und doch ergeben sie zusammen eine sehr gute und gleichmäßige Ausdehnung in den umgebenden

Raum hinein. Und schaut man sich im Sommer die Blätter eines Baumes an, beispielsweise eines Ahornbaums, so ist jedes Blatt deutlich anders als alle anderen – und doch sind sie alle eindeutig Ahornblätter. Und sich aus den Knospen heraus entfaltend, gelingt es den Blättern in ihrer lebendig gestalteten Verteilung, möglichst viel Sonnenlicht einzufangen und zum Wachsen zu nutzen.

Computer-Modelle versuchen inzwischen auch derartige Strukturen nachzubilden, ich vermute mit einer Mischung von zufälligen Zahlen - die ein Zufalls-Generator erzeugt - und von berechneten Werten. Doch dies ist immer eine Rechenleistung, ein Ergebnis von Zahlen.
Der Baum jedoch, oh mein Herr und Schöpfer, ist Ausdruck des Lebens und seiner Vielfalt und Lebendigkeit. Er hat seine Form ohne Computer hervorgebracht und gibt sie durch Samen an den Nachwuchs weiter. Dies geschieht aber in einer Weise, mit der sich junge Bäume auf die Situation, die sie vorfinden, beweglich einstellen können. Ich denke, hier ist auch schon Geist wirksam, wenn auch vermutlich in einfacherer Form als bei uns Menschen.

Unsere Seele, „blüht auf", unser Geist entspannt sich und wird zugleich lebendig, wenn wir von einer solch wohlgeordneten und dabei lebendigen Vielfalt natürlich umgeben sind.
Oh mein Herr und mein Gott, ich danke Dir, dass Du die Schöpfung so frei vielfältig und lebendig geschaffen hast. In dieser Umgebung öffnet sich mein Herz und meine Seele wendet sich Dir staunend zu.

Unsere Welt wird immer abstrakter, virtueller und mathematischer – Beispiel Geld

Unsere Welt wird immer abstrakter, oh Herr. Und damit werden auch viele Probleme immer abstrakter und immer weniger durchschaubar. Statistiken scheinen hier leicht verständlich aufzuklären. Aber leider vermitteln sie oft nur die oberste Oberfläche eines Zusammenhangs, so dass sie zumindest im gesellschaftlichen Rahmen oft nicht zur Problemlösung taugen.

Abstrakte Beschreibungen verdichten Wahrnehmungen und Erkenntnisse zu gesetzmäßigen Erwartungen oder sogar zu Formeln. Damit werden diese Wahrnehmungen und Erkenntnisse auf größere Bereiche übertragbar und woanders wieder einsetzbar.

Wenn ich beispielsweise erkannt habe, oh Herr und Schöpfer allen Daseins, dass 2+2=4, dann weiß ich, das gilt für alle Einheiten, ob es Äpfel, Autos, Energiequanten, Ideen und alles sonst Erdenkliche sein mögen.

Für diese universale Anwendbarkeit der Berechnung hat die abstrakte Beschreibung meiner Ansicht nach, oh Herr, etwas von der Wirklichkeit und Lebendigkeit des Daseins verloren. Sie ist für sich alleine nichts wert, ist abstrakt und gehört nur auf abstrakter Ebene zum Dasein. Erst in Verbindung mit einer Einheit und einer Anwendung, wird die abstrakte Beschreibung für das Leben nutzbar. In der Mathematik benutzt man, um eine Rechnung anwendbar zu machen, dafür Einheiten, wie Sekunde, Kilometer, Gramm und vieles mehr. Aber selbst dann ist die Berechnung erst einmal nur eine nutzlose Berechnung, die keine Verbindung mit und keine Auswirkung auf die Wirklichkeit hat. Erst durch Anwendung der Berechnung in der wirklichen Welt wird daraus eine Veränderung des Daseins, und zwar eine genau zuvor kalkulierte Veränderung – sofern nichts dazwischen kommt.

Doch, oh Herr – es beunruhigt mich -, unsere Welt wird inzwischen in dramatischen Ausmaß durch abstrakte Vorstellungen und durch hochkomplexe Berechnungen verändert. Diese Berechnungen und diese Vorstellungen (beispielsweise umfangreiche Projektpläne) erlauben Auswirkungen im technischen Bereich exakt und im Planungsbereich mehr oder weniger exakt voraus zu sagen, und so alles in passenden Größen bei Konstruktionen, Entwicklungen und Projekten einzusetzen.

Abstrakt undurchschaubar ist für die meisten der ganze Hintergrund der IT. Unser Geist, oh mein Herr und Gott, tut sich schwer, die ganzen „Verdichtungen" und Aufschlüsselungen in Zahlen und Berechnungen nachzuvollziehen. Inzwischen schreiben Rechenmaschinen schon selbst Rechenprogramme. Eine abstrakte Welt steuert nun auf vielen Ebenen bereits sehr wirksam unser wirkliches Dasein durch Berechnen.

Verstehen wir, oh Herr, noch tatsächlich, was dort abläuft? Oder verstehen nur ein paar Experten jeweils ein kleines „Zipfelchen" davon? Verstehen wir nur noch die unmittelbaren Auswirkungen, aber nicht mehr die Ursachen-Zusammenhänge und die längerfristigen, schleichenden Auswirkungen unserer in Gang gesetzten Veränderungen?

Den Weg der Abstrahierung, oh mein Herr und Gott, möchte ich einmal am Handel und dem Geld aufzeigen:
Anfangs begannen Menschen durch Tauschen zu handeln. Einer gab, was er nicht so dringend brauchte oder mehrfach hatte, und er erhielt dafür eine Ware, die der andere wiederum nicht so sehr brauchte oder mehrfach besaß. Dafür war eine Begegnung notwendig, und die Tauschobjekte mussten für beide ungefähr gleich wichtig beziehungsweise gleich entbehrlich sein.
Als man das Geld erfand, das kann ich begreifen, oh Herr, da konnten auch Menschen Handel treiben, die sich nicht direkt begegneten, und Händler konnten Waren in fernere Länder mitbringen und erhielten dafür Geld. Das ursprüngliche Geld war aber auch selbst noch wertvoll, es war nicht ein völlig abstrakter Wert, denn es bestand aus begehrten Edelmetallen (oder bei anderen Völkern aus hoch geschätzten Perlen, Muscheln oder Federn). Eigentlich war dieser Vorgang noch gar nicht so abstrakt, es waren eher zwei Tauschvorgänge: Wertvolle Münzen gegen Ware und Ware gegen wertvolle Münzen.
Aber das wertvolle Münzgeld wurde von Papiergeld teilweise abgelöst. Und das Papier hatte allein aus sich heraus keinerlei bedeutenden Wert mehr für die Menschen. Das zeigt sich schon daran, dass nach Währungsreformen das alte Geld höchstens noch für Sammler etwas bedeutet. Die DM-Scheine wurden nach Einführung des Euros geschreddert.
Nun, oh Herr, hatte der Geldschein einen abstrakten Wert bekommen, der nur gilt, solange Menschen diesem Geldschein einen bestimmten abstrakten Wert zuschreiben. Inflationen zeigten, dass dieser Wert auch nicht fest ist, sondern sich verändert. Aber die Menschen verstanden ziemlich schnell den abstrakten Wert des Geldes, und weil sie davon ausgingen, dass alle in einem Land dem Geld den gleichen Wert zumessen würden, vertrauten sie diesem abstrakten Wert.
An den Börsen, oh Herr, werden mit dem Geld nicht mehr Waren, sondern Anteile an Unternehmen gekauft. Dies ist schon eine ziemliche Abstraktion, zumal diese abstrahierten Anteile selbst

wieder handelbar waren. Es kommt dabei zu Effekten, die für mich im Einzelnen nicht mehr so genau nachvollziehbar sind: man kann nun sogar durch Verluste und Schulden Geld gewinnen.

Mit dem Internet wird das Papiergeld nun zunehmend vom virtuellen Geld ersetzt. Geld, oh Herr und Gott, „liegt" nun auf Konten und kann mit einer Scheckkarte auf ein anderes Konto abgebucht werden, ohne dass man sich das Geld auszahlen lassen muss. Es kam viel mehr Geld in Umlauf, als gedruckt wurde. Möglicherweise wird das „reale" Geld sogar in Zukunft abgeschafft.

Nun ist Geld, oh Herr, oft nur noch eine Zahlengröße geworden, die nach bestimmten Gesetzen hin- und hergeschoben wird. Und es wird damit spekuliert. An den Börsen wechseln manche Geldmengen in Bruchteilen von Sekunden von einer Aktie zur anderen und weiter zur nächsten. Extrem schnelle Computer berechnen Chancen und Gefahren, um in Bruchteilen von Sekunden das Geld zu verschieben. Nicht mehr derjenige Mensch, der selbst schnell reagiert, ist oft der Gewinner bei diesen Spekulationen, sondern derjenige, der den schnellsten und leistungsfähigsten Computer einsetzt. Die Spekulanten wollen dafür ihre Niederlassungen ganz nah bei der Börse haben, damit die Dauer, die ein Signal von ihrem Rechner zum Rechner der Börse braucht, möglichst kurz ist.

Das sind schon Verhältnisse, oh Herr und Meister des Daseins, die können wir Außenstehende kaum mehr begreifen – wie weit sie die Insider verstehen, also tiefer verstehen als nur durch das Wachsen der Gewinne und Verluste, ist für mich fraglich. Vermutlich verstehen die Programmierer der IT, die für die Spekulanten arbeiten, einiges davon, was tatsächlich in den Rechnern vor sich geht, aber ob sie wiederum den Geldmarkt und seine langfristigen Folgen ganz verstanden haben? Und ob die Politiker diese Welt wirklich durchschauen?

Doch noch ist es mit der zunehmenden Abstraktion nicht zu Ende, und mir, mein Gott, mir „schwirrt" der Kopf. Auf einmal tauchte vor ein paar Jahren ein neues, rein virtuelles Geld auf, das „geschürft" wird (klingt verführerisch, als würde nach Gold gegraben), das heißt wohl, so habe ich es grob verstanden, dass Rechner mathematische Rätsel-Aufgaben lösen müssen, und dafür gibt es dann sogenannte „Bitcoins", mit denen gehandelt wird. Inzwischen ist in manchen Bereichen der Bitcoin ein anerkanntes, nicht-staatliches Zahlungsmittel. Und es gibt schon weitere virtuelle „Währungen".

Hier, oh Herr, beginnt mich die Abstraktion des Handels immer mehr zu beunruhigen. Werden wir, wenn es zu Entgleisungen kommt, überhaupt noch wissen, was zu tun ist? Nun, das muss ich wohl der jüngeren Generation überlassen. Aber ich hoffe, dass Du, oh Herr, uns eigensinnigen und oft hochmütigen Menschen Wege zeigst, die wir ohne tödliche und katastrophale Verwirrungen gehen können.
Aber ich nehme schon etwas beunruhigt wahr, dass wir unsere Welt immer mehr auf virtuelle Ebenen aufbauen. Mir erscheinen diese menschengemachten – und inzwischen sogar teilweise von Rechnern erstellten - virtuellen Welten, auf die wir uns in vielerlei Hinsicht schon verlassen, als „dünnes, gefährliches Eis" auf dem wir uns bewegen. Kann das denn gut gehen, oh Herr? Du allein weißt es, und ich vertraue auf Dich, gleich was Du uns an zukünftigem Schicksal zugedacht hast.

Die Zahl als „nackte" 1-dimensionale Größe – Computer als Rechenmaschinen

Die Daten, mit denen Rechner „gefüttert" werden, sind reine Zahlengrößen, sie sind somit 1-dimensional. Und das einzige, was Rechner damit anstellen, oh Herr und weiser Schöpfer der Welt, ist zu rechnen und dann eine berechnete Zahlengröße „auszugeben". Diese Zahlengröße wird dann von einem Apparat (beispielsweise einem Monitor, oder einem Auto) als eine Anweisung für die 3-dimensionale körperliche Welt gelesen, und auf diese Weise wirkt der Rechner indirekt auf die Wirklichkeit ein.
Natürlich, oh Herr, sieht das für unsere menschliche Wahrnehmung ganz anders aus: da gibt es ausgegebene Buchstaben und Töne, Bilder und Videos, bei Robotern Sätze und Mimik. Aber alles wird gesteuert von berechneten Zahlen, die beispielsweise bei einem Foto in Pixels angeben, wo welcher Lichtpunkt in welcher Farbe aufzutauchen hat. Auch Töne sind Schwingungen, die man mit Zahlengrößen beschreiben kann, Mimik und Bewegungen eines Roboters lassen sich mit Raumpunkten beschreiben. Und Sätze: sie bestehen aus Worten, und Worte aus Buchstaben mit bestimmten Positionen der schwarzen Farbe, oder aus Tönen, die ebenfalls wieder in Schwingungen zerlegt und mit Zahlengrößen beschrieben werden können. Doch der Sinn von Sätzen mit den dazu gehörigen Gefühlen: der bleibt dem Computer verborgen, er lernt nur,

dass bestimmte Worte in Verbindung mit bestimmten anderen Worten (oder bestimmte Elemente oder Ereignisse auf Bildern, in Videos) bei erkennbaren Situationen öfters auftauchen und offenbar zu einem Bild oder einer Situation passen. Das ist aber ebenfalls ein (zählender) Rechenvorgang. Es geschieht dabei kein wirkliches Verstehen, keine Gefühlsregung ist damit verbunden, selbst wenn ein Roboter lächelt, weil die errechneten Daten das veranlassen.

Zahlen sind für mich, oh Herr, anonymisierte abstrakte Größen. Das einzige, was sie kennzeichnet ist ihre Größe (symbolisch darstellbar als lineare Länge in eine Richtung). Zahlen sind, wenn man sie mit der Wirklichkeit vergleicht, ins Abstrakte, Anonyme und ins isoliert 1-dimensionale verdichtete, „zusammen-gestauchte" Größen (in unserem wirklichen Dasein sind Größen der unterschiedlichsten Art und Dimensionalität und Universum-weit miteinander und untereinander fest verbunden).

Für sich selbst haben „nackte" Zahlen keinen Bezug zur Wirklichkeit. Sie können aber durch Zufügung von Einheiten (die symbolisieren, was zuvor gezählt/gemessen wurde, um den Größenwert zu erhalten) zum symbolischen Größen-Abbild einer beliebigen, aus dem Ganzen des Daseins ausgeschnittenen, frei wählbaren Einheit werden. Die Einheit, oh Herr und allumfassender Herrscher des Daseins, wurde dafür durch unseren Geist aus dem Erleben des ganzen Daseins isoliert und als isoliertes „Einheits-Objekt" gezählt (oder gemessen, welches ja auch eine technische Art des Zählens ist). Dabei kann es sich um Äpfel oder Kilometer, Quanten oder Sätze, geäußerte Gedanken, oder was auch immer von uns isoliert wahrnehmbar ist, handeln. Wichtig ist, dass die zu zählenden Objekte (durch unseren Geist oder inzwischen durch Künstliche Intelligenz) durch ihre „Einheit" als einzelne, isoliert erkennbare oder messbare Objekte – also als zählbare Einheiten - vom Ganzen des Daseins und auch voneinander zuerst klar isoliert und erst danach gezählt werden.

Zahlen, oh Herr, sind für uns Menschen Platzhalter für Angaben von Größenverhältnissen in der Wirklichkeit. Sie können für alle zählbaren Größen eingesetzt und nach Formeln miteinander in Verbindung gebracht werden.

Den „nackten" Zahlen ist es „egal", womit sie äußerlich verbunden werden, die reine Zahl ändert sich durch die Verbindung mit einer Einheit nicht, sie bleibt, was sie ist, und ist nur durch ihre Position und ihr Verhältnis zu anderen Zahlen dauerhaft gekennzeichnet. Eine Zahl „wehrt" sich nicht gegen unser Tun (oder das der KI), oh Herr, auch wenn man Zahlen für ein Ergebnis mit falschen oder unzureichend isolierten Einheiten (so dass nicht klar ist, welches Objekt noch mitzuzählen ist) verbindet.

Durch geschickten Umgang mit Zahlen, und der Auswahl, womit man sie verbindet, und durch die Definition, welche Objekte noch dazu zu zählen sind und welche nicht, kann man, oh mein Herr und Gott, andere gut und leicht täuschen – oder man täuscht sich selbst, wenn man den Fehler nicht bemerkt. Nicht umsonst gibt es den Spruch: „Was ist die Steigerung von Lüge: Statistik." Leider wirken Zahlen und Berechnungen oft täuschend klar und eindeutig.

Welche Rechen-Einheiten (für die KI erkennbare Objekte), oh Herr, mag sich Künstliche Intelligenz bei der Registrierung der Außenwelt zurecht legen? Und welche Ergebnisse wird sie dann errechnen? Werden diese ungefährlich und harmlos bleiben? Werden entstandene Fehler von uns Menschen rechtzeitig korrigiert und abgestellt?

Damit die Computer rechnen können, muss gezählt werden. Zählen aber bedeutet - so sehe ich es, oh Herr - ein „Herunterbrechen" der Vielfalt des wirklich vorhandenen Einzelnen (mit all seinen vielen ungenannten Eigenschaften), des von unserem Geist zuvor nach einer Eigenschaft Isolierten.

Das zu zählende Objekt wird auf die Aussage reduziert: „da ist ein genanntes Objekt". Das kann ein Apfel, ein Kilometer, eine Sekunde, eine Galaxie, ein Lächeln, eine bestimmte Antwort, eine Bestellung, ein „Like", und so weiter, sein: eben alles, was benennbar und zählbar ist. Die Objekte können oft mit ganz wenigen Eigenschaften definiert worden sein – viele Eigenschaften beschreiben ein Objekt zwar genauer, erschweren aber das Isolieren und damit das Zählen.

Oder, wenn kein beschriebenes Objekt vorhanden ist (oder schon alle anderen Exemplare einzeln gezählt sind) gilt die gegenteilige Aussage: „da ist kein Exemplar des genannten Objektes".

Das Zählen, oh Herr, ist ein Einteilen des Daseins, Deiner Schöpfung, in Schwarz-Weiß-Urteile: „ist oder ist nicht".

Die aufgereihten und einzeln als „vorhanden" genannten Objekte sind nun zu einer Zahl mit Einheit (Objekt-Definition) geworden.

Diese Zahl wird im Rechner dadurch ausgedrückt, wird dadurch „formuliert", dass der Strom im Rechner nach einem binären Code (schwarz-weiß) fließt. Die Zahl lässt den Strom nach den Regeln der binären Zahlen abwechselnd fließen und nicht fließen. Das bedeutet, dass Ausschnitte (Einheiten) unserer Welt im Rechner letzten Endes in doppelter Hinsicht schwarz-weiß dargestellt werden: einmal durch unsere Aussage beim Zählen: etwas ist da, noch mal da, noch mal da – und dann nicht mehr (wenn zu Ende gezählt ist), und noch zusätzlich durch die binären Zahlen, mit denen im Rechner abwechselnd Strom fließt oder nicht.

Objekte, Töne und alles andere wir ja im Rechner durch Größen-Angaben beschrieben, daher muss alles für den Rechner, was eingegeben werden soll, letzten Endes in Zahlengrößen beschrieben werden.

Die schwarz-weißen Eingabe-Daten führen auch wieder zu schwarz-weißen Ergebnissen.

Zahlen sind eindeutige Größen. Eine Zahl ist immer mit der Länge einer Linie darstellbar: mit Anfangspunkt, Linie und Endpunkt. Da gibt es nur die Länge, keine Breite, keine Höhe, keine verstreichende Zeit, auch keinen Zeitpunkt. Eine Zahl ist immer gültig und kann mit allen beliebigen Einheiten verknüpft werden. Die Länge - einer Linie, oder eines Balkens im Balkendiagramm, wenn dadurch die Größe der Zahl dargestellt wir – führt zur Position des Endpunktes. Der Endpunkt ist dann wohl auch der Punkt, der zusammen mit einer zweiten Zahl (bei x- und y- Achse) beispielsweise auf einem Bildschirm ein Pixel darstellt (die Farbe muss durch weitere Größen bestimmt werden). Eine Zahl ist „oben" und „unten" abgegrenzt, sie ist eindeutig in ihrer Größe.

Eine Zahl als 1-dimensionale Größe, oh Herr, mit Anfangs- und Endpunkt - ohne Einheit und ohne Befehl – ist für die 3-dimensionale Außenwelt immer neutral und bleibt reine Zahl, bleibt virtuell. Erst wenn wir der Zahl Einheiten beifügen, kann sie mit der Außenwelt verbunden werden. Der Rechenvorgang selbst bleibt aber völlig neutral, das Ergebnis bleibt sich gleich, egal, ob die Zahlen mit Einheiten versehen werden oder nicht.

Rechner können die 1-Dimensionalität nicht verlassen, auch wenn das Ergebnis durch die Verbindung mit Einheiten etwas über die außenstehende Wirklichkeit sagen kann. Das Rechenergebnis als Zahl ist und bleibt aber 1-dimensional. Erst der Mensch oder eine

angeschlossene 3-dimensionale, reale Maschine kann das Ergebnis durch die ablesbare Einheit in die wirkliche Welt umsetzen.
Rechner können nur schwarz-weiß Aussagen geben, eine festgelegte Zahl oder einen Zahlen-Raum. Sie verarbeiten auch nur schwarz-weiße Zahlen, ein Bit bedeutet: Strom fließt oder Strom fließt nicht – schwarz-weißer, oh Herr, geht es nicht.
Die Interaktion Rechner – physische Außenwelt ist höchstens 3-dimensional, sie ist Zeit-Punkt gebunden. Dagegen kann unser Geist höhere Dimensionen erfassen, kann Zeiträume ganzheitlich und nicht nur punktuell berechnet überschauen.

Mein Herr und mein Gott, bitte hilf uns, dass wir klarer erkennen können, was Rechnerleistung vermag und wo sie einzusetzen ist, und wo sie gefährlich werden kann. Und lass uns deutlicher erkennen, was unser wunderbarer menschlicher Geist vermag, damit wir sinnvolle Entscheidungen treffen können. Du bist der Allmächtige, Du stehst über jeglicher IT und KI, Du bist lebendig bei uns. Danke. Amen.

Nimmt das Schwarz-weiß-Denken auch unter uns Menschen zu?

Computer rechnen schneller und die Programme können dann einfacher gestrickt sein, wenn man Daten schon in ziemlich schwarzweißer Form eingibt.
So können wir im Internet, oh Gott der Vielfalt, mit 1-5 Sternchen Waren bewerten, können auch mit Daumen hoch oder Daumen runter Wertungen abgeben, bei Beiträgen ist die Anzahl der Klicks wichtig.
Bei vielen Computer-Programmen muss man in Formularen eindeutige Angaben einfüllen. Wenn das nicht möglich ist, oh Herr, kann es schwierig werden. Allmählich geht man aber dazu über, ein Feld für Erklärungen einzubauen. Doch liegt die Tendenz nahe, in Verwaltungen auch kompliziertere Fälle „über einen Kamm zu scheren". Damit hat man dann wegen der Sonderfälle bei der Eingabe in das Computer-Programm und mit den Zuordnungen keine zusätzliche Mühe. Das Außergewöhnliche wird dann dem Gewöhnlichen zugerechnet und irgendwo mit eingeteilt.
Auch bei Prüfungen sind „multiple joyce" Aufgaben sehr beliebt, lassen sie sich doch leichter ausfüllen und vor allem besonders

leicht (scheinbar gerecht) bewerten. Online-Lernprogramme stellen oft Fragen, deren Antwort aus einer vorgegebenen Anzahl an Antworten ausgewählt werden muss. Damit man sich am Ende auch belohnt fühlt und freut, wird der Lernende zum Schluss für seine Punktzahl standardisiert gelobt. Wie einfach, oh Gott, sind wir doch zu beeinflussen.
Schnelle, einfache und klar erkennbare Bewertungen – das passt zu unserer schnelllebigen Zeit.
Smilies erleichtern uns das Senden von Botschaften - vor allem das Mitteilen von Gefühlen - wir brauchen nicht mehr viele Worte zu machen. Manche User können die smilies ziemlich geschickt verwenden, andere nutzen sie dagegen ziemlich plump und übertrieben oder gar falsch. Zwischentöne sind eher schwierig zu vermitteln.
Politiker scheinen mir, oh mein Herr und Gott, weniger als früher einem eigenen Polit-Programm verpflichtet zu sein, vielmehr verfolgen sie genau die Prozentzahlen bei Meinungs-Umfragen und richten sich danach. Das Polit-Barometer zeigt angeblich die Stimmung im Volk – aber natürlich sehr schwarz-weiß. Doch Meinungs-Umfragen nehmen in den verschiedensten Bereichen immer mehr Raum ein, sie sind einfach zu präsentieren und scheinbar leicht zu verstehen.

Ich habe den Eindruck, oh Herr, als würden das Schwarz-weiß-Denken und ebenso das Schwarz-weiß Sich-äußern auch im privaten Raum teilweise zunehmen. Es greift auch über auf die Beurteilung von Ansichten, Beiträgen, Menschen.
Könnte es sein, oh mein Gott, dass der Bericht vom Sündenfall in der Genesis auch eine Warnung vor dem schwarz-weißen Denken und Urteilen ist? Ich greife diese Ansicht weiter unten noch einmal auf.

Was die Sprache verrät

Wenn man sich die Worte unserer Sprache genauer anschaut, zeigen sich manche interessante Gesichtspunkte. Ich stelle hier einige Wortpaare und Einzelwörter zusammen, die mir aufschlussreich erscheinen.

„Be-wusstsein" enthält das Wort „Wissen", dagegen spricht

„Selbst-wahr-nehmung" von „wahr", also erlebe ich mich selbst als wahr, als wirklich und nicht nur als „mich wissend".

Be-rechnen ist Rechnen ohne ganzheitliches Wissen, nur automatisch Regeln befolgend, es ist ohne tiefere Wahrheit, ohne Herz, ohne Seele, ohne Gefühl. Wer berechnend ist, gilt als eiskalt den Vorteil ausrechnend. Rechnen ähnelt dem Wort „Recht", das auch sachlich hart ist und an „schwarz-weiß" mit „richtig und falsch" erinnert.

Fest-stellen ist wie Einfrieren: einen Vorgang in Gedanken oder im Experiment durch Messungen zu einzelnen Zeitpunkten für die Erkenntnis erstarren lassen.
Er-fahren ist im Gegensatz zum Fest-stellen mit Bewegung verbunden, mit Wandel, Begreifen des ganzen Zusammenhangs, der ganzen Strecke eines Vorgangs.

Wahr-nehmen ist Begreifen, dass etwas wahr ist, es kann für wahr angenommen werden.

Fest-stellen ist erstarrt wie tot, aber zuverlässig fest.
Wahrnehmen ist lebendig, geisterfüllt, aber persönlich gefärbt und daher nicht durch Berechnung nachvollziehbar.

Er-leben ist: mit lebendigem Wahr-nehmen durchleben.

Ver-stehen ist dem Stehen nahe, dem Erstarrten, dem bleibend Gültigen, dem Anhalten um zu erkennen, der Logik und der Gesetzmäßigkeit.

Be-greifen ist Verbindung aufnehmen und von außen und innen verstehen, durch Berührung eins werden.

Wert-Schätzung gilt heute als die anzustrebende Einstellung im Umgang miteinander. Ich empfinde diesen Begriff aber als sehr kalt: ich schätze den anderen für seinen Wert. Wert ist für mich so etwas wie Geld, oder etwas irgendwie Nützliches. Aber es steckt für mich keine Wärme in diesem Wort.
Liebe ist das Bejahen ohne wenn und aber, einfach aus Freude am Dasein des anderen.

Die Enge des punkt-exakten kalten Maschinen-Rechnens - Vergleiche: Rechner, KI und lebendiger Geist

Unser lebendiger Geist ist ein Wunderwerk, oh großer Gott, und er reicht mit seinen Fähigkeiten, Zusammenhänge und Zeit-Räume zu überblicken, reicht mit seinen Gefühlen und mit der Begabung zu erleben, Sinn zu empfinden und zu lieben, weit über die rein körperliche und technische Welt hinaus.

Doch zum Kontrast werde ich hier die abstrakte „Denkweise" von Rechenmaschinen und KI noch einmal intensiver beleuchten, um vor diesem Hintergrund das Anderssein unseres wundervollen Geistes bereits hier ein wenig und dann später im Kapitel „Die Fähigkeit zu Weite und Offenheit des lebendigen Geistes" stärker heraus zu arbeiten. Ganz ohne Abstraktes – besonders im Unterkapitel zum Wollen und der Willens-Freiheit - wird es aber leider auch dort nicht gehen.

Der Geist ist das Lebendige in uns, und der Geist verbindet uns mit Dir, unserem Schöpfer. Dafür danke ich Dir, mein Gott.

Langsam gereifter Geist

Wenn ich hier an dieser Stelle über den lebendigen Geist schreibe, so meine ich auch den Geist aller Lebewesen. Denn für mich ist nicht nur der Mensch Geist-begabt.
Ich bin überzeugt, oh Herr und Schöpfer, dass Du dem Leben von Anfang an Geist mitgegeben hast, möglicherweise sogar in ganz einfacher Form der Energie und vielleicht auch der Materie.
Der Geist des Lebens hat sich über unvorstellbar lange Zeiträume entwickelt und entfaltet.
Den Geist anderer Lebewesen können wir nur teilweise verstehen, oh Schöpfer allen Lebens, sie haben oft andere oder schärfere Sinnesorgane wie wir, sie nehmen ihre Umwelt etwas anders wahr, sie haben andere Interessen und Vorlieben und Fähigkeiten. Dennoch, oh Herr, scheint es eine empfundene Verbindung zu allem Leben zu geben, ein Fühlen, dass etwas im Inneren uns alle auf gleiche Weise berührt und bewegt, dass wir ähnlich hoffen, leben zu dürfen, und ähnlich das Dasein begrüßen.

Ich bin überzeugt, oh Herr und weiser Gott, dass der Geist des Lebens aus Dir strömt und mit Dir verbunden ist. Zugleich schenkst Du dem Lebendigen die Fähigkeit, sich zu entscheiden und den Weg des Daseins mit zu bestimmen.

Da ich den Geist des Menschen, oh Gott, am ehesten verstehe und kenne, und da er auch leider der Geist ist, mit dem wir für unser Dasein am meisten zerstörerisch wirken können - und doch zugleich ist er so wunderbar und unglaublich - daher blicke ich beim Schreiben der nächsten Kapitel wiederum, wie schon zuvor, vor allem auf den menschlichen Geist.

KI: Zeitpunkt-gebunden – Menschen: fähig Zeit-Räume anders als berechnend als Ganzes zu überblicken und wahrzunehmen – notwendig für Gefühle, Empfinden, Erleben

Wir leben körperlich gesehen in einer 3-dimensionalen Welt (nach der traditionellen Vorstellung der Dimensionen): es gibt den Raum, den wir mit den 3 Dimensionen: Länge, Breite und Höhe bemessen.

Und es gibt, oh Herr und Gott, den Jetzt-Zeit-Punkt, mit dem unser Körper zusammen mit allen anderen körperlichen Objekten durch die Zeit wandert: Zukunft wandelt sich zur Gegenwart und verschwindet in die Vergangenheit. Wir nehmen die Körper unserer Welt (unseren eigenen und alle umgebenden) nur in der Gegenwart, am Zeit-Punkt des „Jetzt" als „seiend" wahr. Ein Punkt hat aber keine Ausdehnung und ist keine eigene Dimension. Daher erleben wir unseren Körper und die körperliche Welt um uns herum 3-dimensional.

Computer, also Rechen-Maschinen, oh Herr und Gott, rechnen nach meinem Verständnis mit 1-dimensionalen Größen. Sie können damit „ausgeschnittene" Größen aus unserer körperlichen Welt berechnen. Durch Einbeziehen vieler unterschiedlicher Größen können sie ziemlich komplexe Situationen und Vorgänge berechnen. Aber ihre Grundlage ist und bleibt 1-dimensional, und das Ergebnis wird ebenfalls aus 1-dimensionalen Größen gebildet.

Durch Zusammensetzen der einzelnen Größen können scheinbar, oh Herr, ganzheitliche komplexe Bilder und Vorgänge entstehen. So kann ein Video uns eine andere Welt in einem anderen Land zeigen, und wir sehen es mit Vergnügen an. Oder es kann ein Roboter so gesteuert werden, dass er bei bestimmten, von der Re-

chenmaschine wiedererkannten Situationen lächelt, bestimmte Antworten gibt, oder ein Glas Wasser holt.
Ich stelle mir den Ablauf solcher Handlungen, oh Herr, bei Robotern mit KI in etwa so vor: der Roboter hört beispielsweise von einem Menschen „Das hast du gut gemacht!". Er codiert die „Geräusche" der Sprache in binäre Zahlen und vergleicht sie mit seinen Lernprogrammen. Dort findet er den gleichen oder einen ganz ähnlichen Zahlencode der gesprochenen Worte. Auf diesen, so hat er gelernt, folgt ein weiterer binärer Code, der rechnerisch aussagt: „die Gestalt gegenüber hat darauf hin im Bereich des Gesichts die Ränder der rote Öffnung nach oben bewegt" (was für uns heißen würde, der Gelobte hat gelächelt). Der Roboter untersucht, wie oft dieser Ablauf in den Videos, die er „gesehen" hatte, vorkam (also dass auf ein Lob ein Lächeln folgte) und bemerkt, dass es eine sehr häufige Folge dieser beiden Elemente (Lob und dann Lächeln) gab. So entscheidet er aufgrund der hohen Zahl des festgestellten Aufeinanderfolgens, (also aufgrund einer hohen Wahrscheinlichkeit, dass diese Abfolge korrekt ist), ebenfalls zu „Lächeln". Das heißt, er weist einen Mechanismus an, das, was bei ihm von Menschen als „Mund" wahrgenommen wird, ebenfalls an den Rändern hochzuziehen. Der ihn beobachtende Mensch hat nun den Eindruck, der Roboter hätte ihm zugelächelt, weil er den Roboter gelobt hat, und dieser sich darüber gefreut hat. Aber der Roboter hat nur die „Mundwinkel" nach in Videos beobachtetem und berechnetem Winkel und nach registrierter Höhe hochgezogen, ganz sachlich neutral, ohne Freude, auch ohne Scham darüber, dass er jemanden täuschen könnte – er arbeitet nur seine Berechnungen und die daraus sich ergebenden Handlungen ab. Er hat eben in anderen Fällen Veränderungs-Wahrscheinlichkeiten im Gesicht beobachtet, und bei entsprechend hoher Wahrscheinlichkeit der Aufeinanderfolge, hat er diese Veränderung durch Mechanik imitiert.
Bei einer Bitte um ein Glas Wasser holt er ein solches genauso gefühllos und sachlich berechnend - vielleicht mit ein paar erlernten netten Worten dazu, deren Gefühlsbedeutung ihm aber fremd ist.

Wenn ich nun, oh Herr, mein Wissen beim Betrachten eines Videos genauer prüfe, dann wird mir beispielsweise auch bewusst, dass Videos aus einzelnen, in ihrer Position und Farbe berechneten, Pixeln bestehen und nicht aus der Anwesenheit der tatsächlichen fernen Welt in ihrer Ganzheit, auch wenn es fast so aussehen mag, be-

sonders bei 3-D-Filmen.
Und auch die Reaktionen eines Roboters bestehen aus vielen einzeln errechneten Bewegungs-Impulsen. Ihnen liegen 1-dimensionale Zahlenwerte zugrunde.
Ich mache mir nicht so gerne solche abstrakten Gedanken, oh mein Gott und Allherrscher, lieber erlebe ich die Welt mit meinen Sinnen. Doch genau das macht die Vortäuschung der Echtheit von Filmen oder von Roboter-Gefühlen und dem Eindruck: „Roboter verstehen mich", so glaubwürdig: weil ich mir nicht immer Gedanken darüber machen möchte, wie die Bilder und Reaktionen, die ich sehe, zustande kommen. Ich würde auch verrückt werden, würde ich ständig darüber nachdenken. Ich würde mich sogar den Rechen-Maschinen ein wenig angleichen, würde immer mehr in ihre „Denkweise" schlüpfen. Daher bin ich immer froh, oh mein Herr und mein Gott, wenn ich diese Texte über Themen der KI fertig geschrieben habe. Und ich danke Dir, oh Herr, dass ich allmählich die Worte finden darf, mit denen ich ausdrücken kann, was mir zu sagen wichtig ist.
Es ist in unserer Zeit meiner Ansicht nach notwendig, zu verstehen, warum Roboter und Computer ganz anders arbeiten, als unser Geist. Nur dann können wir sinnvoll entscheiden, wo und wie wir sie einsetzen – vor allem nicht immer sofort dort, wo es auf den ersten Blick angenehm und praktisch erscheint. Das „dicke Ende" könnte dann noch kommen, so befürchte ich, oh Herr, wenn wir unüberlegt handeln.
Es heißt zwar, wir können Roboter und Computer ja auch immer ausschalten („den Stecker ziehen") – aber wenn wir uns in großem Stil von ihnen abhängig gemacht haben, wird dies zu einer Illusion. Und wie weit wir Computer mit KI überhaupt noch in Zukunft tatsächlich „im Griff" haben, ist auch ungewiss. Denn die Künstliche Intelligenz schreibt inzwischen selbst Computer-Programme. Wir können sogar als IT-Laien, als User einer App, Programme bei einer KI in Auftrag geben. Verstehen wir noch, was hier abläuft, können wir noch einfach „Stopp" sagen, wenn wir Gefahren erkennen?

Unser Geist, oh Herr und Schöpfer, ist so viel mehr als eine logische Rechenmaschine, er ist wunderbar und erfasst auch unsere Welt ganz anders als Computer und Roboter, das ist meine Überzeugung.

Ich kann es nicht eindeutig beweisen. Denn der Beweis müsste in der messbaren, berechenbaren, körperlichen 3-dimensionalen Welt erbracht werden, und er sollte noch dazu durch wiederholbare Experimente bestätigt werden.

Doch ich behaupte: unser Geist ist nicht an den Jetzt-Zeit-Punkt gebunden, denn er kann durch Erinnerung und durch Zukunfts-Vorstellungen über den Jetzt-Zeit-Punkt hinaus reichen.

Natürlich kann man behaupten, dass auch Computer Vergangenes und Zukünftiges errechnen können. Doch ich bin der Überzeugung, oh Herr, es ist ein Unterschied, ob ich etwas aus der Wirklichkeit heraus isoliere und punktuell berechne – auch wenn die Berechnung noch so komplex und dicht sein mag – oder ob ich es mir als ganzheitliche, unberechnete, aber dennoch verbundene Wirklichkeit vorstelle oder erinnere.

Ich glaube nicht, mein Gott, dass unser Geist eine reine Rechen-Maschine ist. Unser Geist mag sich vielleicht unbewusst auf zahlreiche Berechnungen stützen – aber er kann mehr als Berechnen: er erlebt mitten in der Gesamtheit des Daseins, er öffnet sich für das wahre Sein, für das Leben und das Er-leben, das über Berechnung und Daten hinaus geht. Für unseren Geist sind ausgedehnte, über den Jetzt-Zeit-Punkt hinausreichende Zeit-Räume „gegenwärtiger", wirklicher als für unseren Körper. Sie sind ganz wahrer Teil unseres Erlebens.

Und nicht nur harte Fakten tragen zu unserem Er-leben bei, mein Herr und Schöpfer-Gott, sondern auch vor allem emotional Erinnertes und lebendig Vorgestelltes wecken in uns Gefühle. Ja, unsere Gefühle wären ohne Erinnerung und ohne Vorstellung von Kommenden gar nicht denkbar. Gefühle dehnen sich in den Zeit-Raum hinein aus.

Der Jetzt-Zeit-Punkt kann, oh Herr, mit ganz verschiedenen Situationen erfüllt sein, aber er definiert sich durch das Vorher und Nachher, von dem er sich abgrenzt, so wie Zahlen sich von Nachbarzahlen abgrenzen.

Aber durch diese Neutralität der unausgedehnten Punkt-Dimension ist der Jetzt-Zeit-Punkt gefühllos, er empfindet nicht und hat kein Erleben. Erst durch die geistig hinzukommende Fähigkeit, Zeit-Räume ganzheitlich zu überblicken, mein Herr und mein Gott, entstehen Gefühle, Empfinden, Erleben und wird unser Geist lebendig.

Ab-straktes Berechnen, Berechnen als feste Formel: zeitlos

Reines Berechnen als feste Formel ist ab-strakt. Wenn ich mich nicht täusche, oh Herr, so kommt das Wort „ab-strakt" von „weg-ziehen, weg-nehmen, von etwas abziehen", ähnlich dem Extrahieren. Jedenfalls kann ich das Wort ab-strakt so verstehen, dass ein abstrakter Inhalt von der Wirk-lichkeit, von der Wirk-möglichkeit des Daseins weggenommen, vor ihr isoliert wird. Das Ab-strakte wird dadurch zeitlos. Es ist nicht mehr eingebunden in den Strom unserer Zeit, dem alle Körper und energetischen Wirkungen folgen müssen. Das Ab-strakte, das „von der Wirk-lichkeit Ab-gezogene", kann nichts mehr bewirken, aber ebenso wirkt nichts mehr auf das Ab-strakte ein.

Denk-Fehler beim Berechnen können dadurch manchmal erst verspätet bei der Anwendung der Ergebnisse in der Wirk-lichkeit bemerkt werden, wenn sie sich negativ aus-wirken.

Oh Herr und Schöpfer, der Du auch die mathematische Ordnung der Welt erschaffen hast: durch die Abtrennung von der Wirk-lichkeit wird eine in sich korrekte Berechnung zeitlos gültig, sie bleibt in sich isoliert immer richtig, sogar wenn die Rechenformel falsch erdacht oder ausgewählt worden wäre.

Egal, was „draußen" in der Wirk-lichkeit geschieht: 3+2=5 gilt in unserer uns bekannten und erfahrbaren Welt immer, gleichgültig, was wir und wann wir so zählen. Das Ergebnis ist von den gezählten Einheiten und von der Zeit unabhängig.

Dafür, oh Herr und Ursprung aller Schöpfer-Kraft, kann das Ergebnis alleine nichts be-wirken, es ist nicht in unserer Wirklichkeit verankert, solange es eine pure Rechnung ist und nicht mit Einheiten verbunden und dann auf unsere erlebte Welt übertragen und für ein die Auslösung von Verhalten (durch Menschen oder Technik) angewandt wird.

Allerdings ist die „Stabilität des Zählbaren" - Dank sei Dir oh Schöpfer-Gott – auch in unserer wirk-lichen Welt gegeben. Dadurch konnten wir Menschen die Möglichkeit des Rechnens und der Verhaltens-Ausrichtung aufgrund von Rechen-Ergeb-

nissen überhaupt erst entdecken und nutzbringend verwirklichen.
Ohne das Hinzukommen von weiterer neuer Energie bleiben die Größenordnungen unserer Umgebung gleich, ohne weitere Energie sind sie wie festgefroren erstarrt und lassen sich gut bestimmen und durch Zahlen ausdrücken (so kann ich zahlreiche Personen auf einem stillstehenden Foto besser zählen).

Kommt Energie zu einem ruhenden Körper von bekannter Größe und bekanntem Gewicht, hinzu, kann diese Energie ebenfalls gemessen und normalerweise zuverlässig mit eingerechnet werden (beispielsweise bei Satelliten für den Raketen-Start und später für das Einschwenken in die Umlaufbahnen).

Oh Herr und Gott, wenn ich mir vorstelle: in einer Schale vor mir liegen drei Äpfel, aber wenn ich länger hinschaue werden es auf einmal fünf, dann wieder nur zwei (natürlich ohne dass jemand Äpfel dazulegt oder wegnimmt), oder ich hätte erst fünf Finger, dann plötzlich sechs – da würde ich mich in meiner Welt nicht mehr zurecht finden.

Natürlich gilt die zahlenmäßige Stabilität unserer Welt auch im Mikrokosmos. Ob sie dort tatsächlich überall gültig ist, vermag ich nicht zu sagen, das müssten Quantenphysiker beurteilen.

Es ist gut so, oh Herr - und Du hast es mit einer Weisheit, die unser Fassungsvermögen übersteigt so eingerichtet -, dass unsere Welt auch in der Wirk-lichkeit eine hohe Stabilität hat, dass Größenordnungen sich an „Richt-linien" halten und sich nur unter dem Einfluss von Energie nach meist genau messbaren, also zuverlässig zählbaren Größen-Werten ändern.

Denn auch die Energie selbst zeigt sich in messbaren, einschätzbaren und bestehen-bleibenden Größen-Ordnungen. Das erkenne ich, oh Herr, schon bei einer Balkenwaage. Die Erde zieht Objekte über sehr lange Zeiträume hin mit nahezu der gleichen Kraft nach unten zum Erdmittelpunkt hin (der Mond kann dabei ein wenig verändernd mitwirken – siehe Gezeiten).

Daher werde ich, wenn ich zu Hause auf die eine Seite der Waage ein Eisen-Gewicht von einem Kilogramm lege, dann auf der anderen Seite immer ein Wasser-Gewicht von einem Liter Wasser (minus Gefäß-Gewicht) eingießen, damit die Waage im

Gleichgewicht und der Balken waagerecht ist. Denn die Erde zieht 1 Kilogramm Eisen und einen Liter Wasser immer gleich stark an: heute, morgen und in vielen Jahren. Nur aufgrund der Zeitlosigkeit der ab-strakten Rechnung zusammen mit der Stabilität der Größen in der Wirk-lichkeit können Rechenmaschinen sinnvoll rechnen und auch steuern.

Was für eine geistige Leistung muss es gewesen sein, oh Herr und Gott, die Du uns ermöglicht hast, als der Mensch begann, Einheiten zu benennen (seien es Äpfel, Münzen oder Zentimeter oder Stunden, Tage). Und dabei hat er vermutlich die Sprache erfunden. Schließlich begann er diese benannten Einheiten durch ab-straktes Zählen in ihrer Menge oder auch in ihrer Größenordnung zu beschreiben (zwei Äpfel oder zwei Tagesmärsche). Dafür musste der Mensch die Zahlen einführen, die in unserer Wahrnehmung ewig gelten und zeitlos sind, aber alleine für sich selbst keine Wirk-lichkeit, keine Macht haben. Diese Wirk-lichkeits-Macht erhalten Zahlen erst durch uns, indem wir eine Verbindung mit der Außenwelt herstellen.

Dies geschieht inzwischen auch durch Dateneingabe über Messgeräte und Rechnersensoren. Die Geräte oder wir selbst (dann über die Tastatur oder Sprache) geben diese Daten in den Rechner ein. Die eingegebenen Daten werden dann zu einem binären Zahlen-Code aufbereitet.

Welch ein starkes Ab-straktions-Vermögen, oh Herr und Gott, besaßen bereits unsere frühen Vorfahren. Durch sie wurde erstmals das isolierte Wahrnehmen von Gegenständen, Räumen, Zeiten, Taten und anderen Einheiten zusammen mit dem abstrakten Zählen und Rechnen als Möglichkeit entdeckt.

Von da an konnten sich weitere logische und kommunikative Prozesse darauf aufbauen. Dadurch wurde es auch nach und nach möglich, durch die gezielte Anwendung der Rechen-Ergebnisse (für den Einsatz genau bemessener Größen und damit Wirkungen) in unsere Umwelt immer stärker verändernde Wirkungen zu erzielen. Auch die tiefgreifend unsere Welt verwandelnde Erfindung des Geldes wurde so möglich, und damit auch der sich immer stärker ausbreitende Handel.

Es gibt allerdings, so habe ich von Ethologen (Verhaltens-Forschern) gelernt - oh Herr und Schöpfer der Vielfalt - auch bei Tieren schon einfache Formen von Sprache und außerdem vereinzelt bei Arten die Fähigkeit in geringem Umfang zu zählen.

Ich will auch gar nicht ausschließen, oh mein Herr und Gott, dass Du manchen Arten möglicherweise Fähigkeiten der Abstraktion gegeben hast, die uns Menschen fremd sind, so wie manche Tiere auch Sinne besitzen, die wir nicht haben (beispielsweise die Fledermäuse können Ultraschall hören und nehmen damit ein Abbild ihrer Umgebung wahr). Wir sollten als Menschen nicht so hochmütig sein, anderen Lebensformen Abstraktions-Vermögen und Intelligenz grundsätzlich abzusprechen, nur weil wir vielleicht nicht begreifen, wie fremde Wahrnehmung und fremdes Denken arbeiten. Lieber staune ich demütig über die Vielfalt des Lebens und der Möglichkeiten, die Du dem Dasein geschenkt hast, oh Herr.

Rechner-Rechnen: Verbindung der ab-strakten Größen mit der Wirk-lichkeit

Wir wissen nicht genau, oh Herr, wie unser Geist mit seinem Gehirn rechnet, aber wir wissen, wie ein Rechner rechnet.
Das Rechnen des Rechners ist kein rein ab-strakter, in sich abgeschlossener, der Wirk-lichkeit entzogener Vorgang mehr. Das Rechnen findet vielmehr als eine ablaufende Tätigkeit statt, sie läuft in der Zeit (unserer Gegenwart) ab. Das Rechner-Rechnen durchläuft genauso wie unser Körper und alles um uns herum im Jetzt-Zeit-Punkt die verstreichende Zeit. Daher brauchen auch die schnellsten Rechner für ihre Aufgaben eine minimale Zeit zum Rechnen.
Die Verbindung des rein ab-strakten Rechenvorgangs mit der Wirk-lichkeit muss, oh Herr und Gott, durch „Wirken können" entstehen. Dazu dient der Stromfluss im Rechner.
Sowohl eingegebene als auch durch Berechnung entstehende Größen können als Daten wieder zeitweise scheinbar „unvergänglich" gemacht werden, indem sie auf einen Datenträger geschrieben werden. Die „Haltbarkeit" der nicht mehr völlig abstrakten Daten ist nun aber an die Vergänglichkeit des Datenträgers geknüpft und ist somit nicht potentiell ewig, wie dies bei

völlig ab-strakten, „nackten" Zahlen der Fall wäre.

Messergebnisse, so habe ich es verstanden, oh Herr, werden als eine zeitliche Abfolge von schwarz-weiß Aussagen: Stromfluss möglich/nicht möglich codiert, und zwar nach dem binären Zahlensystem (also nicht durch das Dezimalsystem, sondern nur durch 1= „Strom fließt" und 0= „Strom fließt nicht"). Durch einen physikalisch-körperlichen Chip, eine Leiterplatte, werden Kettenreaktionen des möglichen/nicht möglichen Stromflusses geregelt. Damit ist der Stromfluss nur nach dem binären Code und den damit verbundenen mathematischen Regeln möglich. Es entsteht dadurch Rechnen im Hier und Jetzt der körperlichen Welt.

Auf diese Weise, oh Herr, so verstehe ich es, ergeben sich Größen, die als „Datenausgabe" auch Wirk-ungen in der Wirk-lichkeit hervorrufen können (beispielsweise Pixel, die ein Bild erzeugen, oder die Steuerung eines selbstfahrenden Autos, wobei bei letzterem ständig neu berechnet werden muss).

Da aber die ab-strakten Berechnungen mit ihren Ergebnissen als solche zeitlos sind, können sie, einmal durchgeführt und dann auf Datenträgern gespeichert, immer wieder abgerufen und auch kopiert werden (solange der Datenträger nicht defekt ist und die Daten korrekt wiedergeben kann): ein Video kann ich, oh Herr, immer wieder abrufen, und ich kann es mit Usern des Internets teilen.

Dies ist mit Ereignissen im Ablauf unserer erlebten Wirk-lichkeit nicht möglich. Diese Ereignisse können sich zwar wiederholen, werden aber jedes mal mindestens ein klein wenig anders ablaufen und ereignen sich in einem anderen Zeit-Raum. Ob dies auf Mikro-Ebne auch gilt, vermag ich nicht zu beurteilen. Aber vielleicht ist ein Video nur kopierbar und wiederholt abspielbar, weil die Elektronen für den Stromfluss im Rechner sich jedes mal exakt gleich verhalten (aber auch sie fließen jedes mal in einem anderen Zeit-Raum). Aber in unserer Makrowelt ist nichts wirklich zweimal exakt gleich.

Oh Herr und Schöpfer der Möglichkeiten für die Ausbildung unseres wunderbaren, erstaunlichen Geistes: arbeitet unser Geist ebenfalls wie ein Rechner? Oder wohnen ihm noch andere Fähigkeiten inne?

Gerichtetes Wollen: wie Elektronen 1-dimensional rechnen und eine virtuelle Welt von unten aufbauen – Menschlicher Geist: auch Überblick von höheren Dimensionen aus möglich: Daseins-Sinn und Willensfreiheit

Rechner rechnen mit der Kraft des Stromes. Würde der Strom nicht fließen, und würde das negativ geladene Elektron sich nicht zu einer positiven Ladung hingezogen fühlen, dann würde es nichts werden mit der Rechenleistung des Computers.

Ich finde, oh Herr und Gott, man könnte Ur-Energieformen auch als „gerichtetes Wollen" bezeichnen: die Gravitationskraft „will" alles Materielle an sich heran ziehen und festhalten, die „Strahlkraft" von Licht- und anderen elektromagnetischen Wellen möchte weg von der Quelle, möchte mit rasender Geschwindigkeit in die Weite des Raumes strahlen (hat der Raum eine auseinander-ziehende „Gravitation" durch Leere und Weite?).

Es gibt auch viele gemischte Kräfte, in denen verschiedene Formen des „gerichteten Wollens" verbunden und vermischt werden: so ist die Umlaufbahn des Mondes beispielsweise eine Verbindung von Fliehkraft und Schwerkraft, diese Verbindung führt zu einem ständigen Richtungswechsel, der sich als Kreisbahn um die Erde ausformt.

Und negative Elektronen in Deiner Schöpfung, so verstehe ich es, oh Herr, „wollen" sich in Richtung „positive Ladung" bewegen. Und wegen diesem eindeutig gerichteten Willen, einem Willen dem das Elektron nachgeben kann, wenn es kein Hindernis gibt, ein Wille, dessen Ausführung aber auch durch eine Blockade verwehrt werden kann: wegen diesem eindeutig gerichteten Willen, kann ein Rechner die Elektronen „rechnen" lassen.

Aber dieser Wille der Elektronen ist stets eindeutig in eine Richtung ausgerichtet (zur positiven Energie). Daher ist der Weg eines Elektrons in einem leitenden Material zuverlässig und berechenbar. Und nur deswegen kann die Reihenfolge der als „Ergebnis" (binär codierten Zahl) an einer bestimmten Stelle abwechselnd eintreffenden (Strom fließt = 1) und „pausierenden" (Strom fließt nicht = 0) Elektronen bei der Datenausgabe de-codiert und in Befehle für die Außenwelt umgewandelt werden. Und nur deswegen können wir Computer bauen und nutzen.

Es ist für mich durchaus denkbar, oh Herr und Gott, dass unser Geist eine ähnliche Form der „Datenverarbeitung" für unsere sachliche Wahrnehmung und für unser Denken entwickelt hat. Doch ich kann mir nicht vorstellen, oh Herr, dass damit unser Geist schon völlig erklärbar ist. Ich bin überzeugt, da gibt es noch ganz andere geistige Möglichkeiten.

Der Rechner berechnet Punkte und Abstände, also 1-dimensionale Größen. Dies sind Anfangs- und Endpunkt einer Linie oder einer abstrakteren Größe: der Anfangspunkt einer jeglichen Größe ist Null, der Endpunkt ist die Zahl, die die Größe benennt (ist der lineare Abstand zu Null).

Der Computer erfasst die Welt also, oh Herr, stets von der niedrigsten, der ersten Dimension ausgehend, um dann zuverlässig und korrekt darauf aufzubauen – vorausgesetzt, er ist auch korrekt programmiert und verfügt über ausreichend Daten.

Wenn der Rechner Zusammenhänge fest-stellt, dann aufgrund einer gezählten, deutlichen Häufigkeit von immer wieder aufeinander folgenden Größen.

Erst muss der Rechner das Einzelne, die einzelnen Größen 1-dimensional zahlenmäßig (binär) erfassen, um dann einen Zusammenhang zwischen verschiedenen Größen fest-stellen zu können. Solche Zusammenhänge können beispielsweise die Häufigkeit von irgendwie zusammenhängend auftretenden Ereignissen sein: entweder ein gemeinsames Auftreten wie bei Hunger und Essenszeit, oder nacheinander folgendes Auftreten wie bei Kochen und dann Essen. Der errechnete Zusammenhang (die Häufigkeit und Wahrscheinlichkeit) wird wiederum als 1-dimensionales Zahlen-Ergebnis dargestellt. Es gibt aber anschließend auch für manche Ergebnisse die Möglichkeit, für die bessere Anschaulichkeit die Rechen-Ergebnisse in Graphiken zu übersetzen, beispielsweise als Darstellung von Prozenten in einem Kreis mit Sektoren. Doch die ursprünglichen Daten sind immer 1-dimensional.

Der „Raum" für den Zusammenhang, beispielsweise bei einem zeitlichen oder räumlichen Zusammenhang, muss auch wiederum gemessen und in Zahlen 1-dimensional ausgedrückt werden. So ist die Raum-Einheit für „Hunger und Essen" die Person, die Hunger hat und die auch isst. Die Zeit-Einheit ist „gleichzeitig".

Dass Rechen-Ergebnisse auch als Winkel oder Kurven dargestellt werden können, liegt daran, dass man Winkel und Kurven rechnerisch auch aus 1-dimensionalen Zahlen zusammensetzen kann.

Rechner bauen virtuelle Welten von der niedrigen in die höheren Dimension auf, Geist kann aber auch von der höheren Dimension die niedrigere ganzheitlich überblicken – höchste ordnende Dimension ist dann das Daseins- Sinn-Empfinden

Der menschliche Geist arbeitet sicherlich teilweise ebenso: vom Niedrig-dimensionalen zum Höher-dimensionalen aufbauend. Aber er arbeitet eben nur teilweise so. Denn unser Geist kann auch in der umgekehrten Richtung wahr-nehmen: nicht nur vom Kleinsten aufbauend zum Größeren. Unser Geist, oh Herr und Gott, kann - dank der Deiner Schöpfung inne wohnenden Weisheit - auf das Ganze schauen, und kann vom Ganzen ausgehend darin das Einzelne erkennen und kann seine Bedeutung, kann seinen Sinn im größeren Zusammenhang wahr-nehmen.

Und auf diese Weise, so bin ich überzeugt, oh mein Herr und mein Gott, eröffnen sich Türen zum Ahnen des Möglichkeitenraums, zum Fühlen, zum Er-leben und es entsteht eine Verbindung zum ursprünglichen Daseins-Sinn. Und auf diese Weise sind wir fähig, uns frei zu entscheiden, besitzen wir einen freien Willen.

Rechner könnten, oh Herr, theoretisch unsere ganze sichtbare und messbare Welt mit 1-dimensionalen Größen als virtuelle

Werte speichern. Und diese Größen könnte er durch festgestellte Häufigkeit und Wahrscheinlichkeit (ebenfalls als 1-dimensionale Werte) miteinander in Zusammenhang bringen. Damit würde auf der Grundlage 1-dimensionaler Werte eine ganze virtuelle Welt entstehen (Spiele als kleine virtuelle Welt-Ausschnitte sind wohl so programmiert – allerdings gibt da wohl noch in vieler Hinsicht der Programmierer die Zusammenhänge ein, sie werden nicht alle von einer selbstlernenden KI gefunden).
Wir Menschen können wohl auch auf diese Weise denken. Aber wir können auch von einer höheren Dimension aus schauend einen Überblick über die darunter liegende Dimension gewinnen. So überblicken wir beispielsweise von einem Berg das darunter liegende Tal im Ganzen - das Tal könnte man wie eine Fläche von oben gesehen als niedriger-dimensional bezeichnen (für unsere Augen nur 2-dimensional) als den in die Höhe ragenden Berg (3-dimensional), auf dem wir stehen.

Die höchste Dimension unseres Geistes, so vermute ich und spüre ich es in meinem Inneren - oh Herr und Gott, der Du allem Dasein seinen Sinn verleihst - die höchste Dimension unseres Geistes ist vielleicht der ursprüngliche Sinn des Daseins, ausgegossen in Liebe von Dir, dem Schöpfer der Welt.
Vom Sinn unseres persönlichen Daseins aus überblicken wir unser Leben und richten es aus. Der empfundene Daseins-Sinn wirkt ähnlich wie ein Magnet auf Eisenspäne: er richtet unser Wollen auf sich, richtet es auf den Sinn, aus.
Je verdunkelter und unklarer meine Wahrnehmung des Daseins-Sinns in mir ist, desto düsterer wird mein Leben, und ich richte es vermehrt an Äußerlichkeiten, an niedrigeren Dimensionen aus.
So ist unser empfundener Sinn des Daseins diejenige Kraft, mit deren Hilfe wir sinn-volle Entscheidungen treffen, es ist die Kraft, die unser Wollen wohlgeordnet macht. Und es ist - in dem Rahmen, den die Ur-Gesetze der körperlichen Welt zulassen – , die Kraft, die uns die Freiheit der Willens-Entscheidung in der 3-dimensionalen körperlichen Welt schenkt. Ich brauche nicht mehr 1-dimensionale Werte zu virtuellen Welten aufbau-

en, um höhere, komplex verschlungene Zusammenhänge zu erkennen: ich trage den Ur-Zusammenhang als Sinn-Empfindung in mir.
Meiner Erfahrung nach, oh Herr, entspringt meine Freiheit des Willens meiner Fähigkeit, das Dasein vom Dir geschenkten Sinn her umfassend zu überblicken. Und diese Fähigkeit entspringt der innerlichen Verbindung mit Dir und Deinem liebenden Schöpfer-Geist. Deswegen fühlt sich mein Geist frei an, kann ich Freude und Liebe empfinden, kann ich das Leben als schön erleben. Ich danke Dir dafür von ganzem Herzen.

Menschliches Denken einlinig und auf natürliche Weise wohlgeordnet

Doch ich möchte erst noch einmal auf eine einfachere Stufe unserer Wahr-nehmung zurück kommen, oh Herr. Denn für unser intellektuelles Verständnis muss eines nach dem anderen aufgeführt werden – denn ein Text, den ich lese, den muss ich, um ihn verstehen zu können, mit-denken. Und Gedanken kommen einer nach dem anderen, wie Perlen auf einer Schnur. Wir können nicht gleichzeitig mehreren „Gedanken-Gängen" gut folgen, Multitasking ist uns nur sehr begrenzt möglich.
Es ist für mich sowieso immer wieder sehr erstaunlich - oh Herr und allumfassender göttlicher Geist - wie sich auch in Ruhe bei uns Gedanke an Gedanke reiht. Kaum ein wacher Moment bleibt ohne unser Denken (außer in tiefer Meditation). Wie von selbst ordnen sich die Gedanken aneinander, bilden eine sinnvolle Kette von Wahrnehmungs- und Gedanken-Verbindungen. Unser Geist führt immer wieder neue Themen in unser denkendes Bewusstsein, Themen, die für uns wichtig sind: sei es emotional oder organisatorisch, oder seien es Wissensfragen. Das Unterbewusste steuert, was sich in unserem Bewusstsein „meldet". Und diese Auswahl ist meist durchaus sinnvoll.
Und auch bei freundschaftlichen Gesprächen, so staune ich, oh mein Gott, entwickeln sich Gesprächsthemen mit mehreren Personen ungeplant und doch oft sehr sinnvoll. In lockerer Art werden Dinge besprochen, die uns am Herzen liegen, oder die uns interessieren (beispielsweise ein neues Kochrezept, Ge-

sundheit, Familie), oder wir amüsieren uns gemeinsam und lachen viel und sind danach entspannt und locker. Es gibt keine äußere Regie für solche Gespräche, sie laufen wie von selbst ab und nützen und erfreuen uns doch so oft. Ich kann darüber immer wieder staunen.

Doch heute müssen wir leider, oh Herr, vielfach unsere Gedanken auf festgelegten Pfaden führen. Texte und Filme lenken unser Denken, aber in der Freizeit wenigstens können wir auch zwischendurch abschalten und unseren eigenen Gedanken-Verbindungen nachhängen. Aber in der Arbeit beispielsweise müssen wir uns auf das vorgelegte Material konzentrieren, bei einem Meeting müssen wir gut zuhören und beim Thema bleiben, am Computer ist es nötig, sich gut zu konzentrieren, um sich nicht zu verklicken oder in eine falsche Spalte zu gelangen.

Früher, mein Gott und Herr, standen viele gleichmäßige Arbeiten an, auch wenn man über reichlich unterschiedlichstes Wissen verfügen musste und manches gut überlegen musste, beispielsweise um einen Bauernhof erfolgreich zu führen. Aber beim Säen, beim Ernten, beim Melken, beim Kleinschneiden fürs Kochen, beim Spinnen und Weben, beim Putzen, und wenn man unterwegs war, um etwas zu besorgen oder Beeren zu sammeln – da war es immer möglich, den Gedanken „Frei-lauf" zu gönnen.

Menschliches Denken ist mit Gefühlen und Empfindungen verbunden – in der sachlichen Arbeitswelt heute oft sehr einseitig und reduziert

Das menschliche Denken ist - anders als das Berechnen von Rechen-Maschinen - mit Gefühlen und Empfindungen verbunden. Es ist wohl nur sehr selten rein abstraktes Denken.
Doch unsere Arbeitswelt zwingt uns - oh Herr und Schöpfer allen Daseins - immer mehr tendenziell sachlich-gefühlloses Denken auf:
Ob wir jetzt, oh Herr, in eine Excel-Tabelle Zahlen oder Adressen und Namen eingeben, oder ob ein Buchhalter Konten bearbeitet, oder ein Angestellter Formulare auf Vollständigkeit über-

prüft und über viele Anträge nach sachlich-juristischen Kriterien entscheidet, wenn Rechnungen geschrieben oder beglichen werden, oder Serienbriefe verschickt oder Standardbriefe mit kleinen Bemerkungen ergänzt werden: all das ruft meistens keine stärkeren und vielseitigen Gefühle hervor. Es gibt ein paar Gefühle, die immer wieder auftauchen: Ärger, wenn etwas nicht klappt oder etwas falsch ist, Freude, wenn man einen größeren Berg abgearbeitet hat, Erschöpfung, wenn man zu lange an solchen Tätigkeiten sitzt. Wenn wir unseren Geist zu lange „knechten", dann „büchsen" unsere Gedanken und Empfindungen aus, und wir können uns nicht mehr konzentrieren.

Finanzplaner, mein Herr und Gott, denken zwar vielleicht schon mit stärkeren Gefühlen nach: doch diese Gefühle können vielleicht sehr einseitig ausgerichtet sein: Ärger, wenn zu wenig Geld da ist, Freude, wenn er Wege findet, alles gut zu planen, so dass das Geld reicht. Auch manche Unternehmensleiter dürften ihre Gefühle in der Arbeit nach ähnlichen Kriterien ausrichten. Kurzsichtige Manager (menschlich kurzsichtig, nicht Gewinn-kurzsichtig) können vielleicht nur auf Effizienz schauen und ordnen ihre Gefühle Erfolgen in dieser Hinsicht zu.

Mir scheint es, oh Herr, als würde unsere moderne Arbeitswelt oft viele unserer unterschiedlichsten Gefühle, und oft auch die gemeinschaftlichen Gefühle, verkümmern lassen.

Und doch haben wir Menschen eine so breite, wunderbare Vielfalt an Gefühlen, an Erleben, an Verbindungen zum Lebenssinn – es wäre ein Jammer, oh mein Herr und Gott, wenn diese Vielfalt immer mehr „vertrocknen" sollte.

Kinder können hier so manche lange vergessene Gefühle wieder wecken.

Das Wunder vielfältiger gleichzeitiger menschlicher Wahr-nehmung und der Vorfilterung durch den Geist

Wir nehmen, oh Herr und Gott, Tag für Tag, Minute für Minute, Sekunde für Sekunde unglaublich viele Dinge „wahr", erkennen sie, und erleben sie als „wahres Dasein", als wirklich Existierendes. Und das trifft in den meisten Fällen auch zu. Du, oh Gott, hast unserem Geist ein Wunderwerk an Möglichkeiten der

Wahr-nehmung geschenkt.

Wenn wir unsere Hand neben einen etwa faustgroßen Stein legen, können wir ahnen, oh Gott, wie gewaltig der Unterschied zwischen einfacher Materie und organisiertem Geist-begabten Leben ist, denn mit der Hand verändert sich unser Leben. Wir können beispielsweise überlegen, wie wir die Hand nutzen, und wir vertrauen ihr, dass sie uns folgt. Die Hand selbst kann zusammen mit unserem Geist: fühlen, empfinden, wahrnehmen, erkennen. Wir können uns etwas vornehmen, zusammen mit dem Gebrauch der Hand, die unseren „Befehlen" folgt. Die Hand kann sich gezielt bewegen, zugreifen, anderes bewegen, sie kann helfen zu organisieren, Wünsche zu verwirklichen, Freude zu schenken, Sinn zu erleben, zu lieben (ausgedrückt mit einer zärtlichen Hand). Und der Stein? Er kann ruhig, schwer und „gelassen" da liegen. Alles hat seine Vor- und Nachteile...

Wenn wir wach sind, oh Herr, versorgen uns unsere Sinnesorgane in jedem Moment mit einer Vielfalt an Informationen. Dafür brauchen unsere Sinne einen Kontakt mit der Außenwelt, sie müssen diese Außenwelt „be-greifen" können. Bei unseren Augen und Ohren sind es Licht- und Schallwellen, die unsere Sinne berühren, bei Lichtwellen sind diese außerdem zuvor von Gegenständen reflektiert worden.
Die Augen lassen uns ein Abbild unserer Umgebung wahr-nehmen. Die Ohren teilen uns mit, wo etwas mit Geräuschen geschieht, Musik zu hören ist, oder ob jemand etwas sagt oder sonst irgendwie Geräusche erzeugt, sogar die Raumakustik nehmen wir unbewusst wahr. Der Tastsinn lässt uns wissen, wo wir etwas berühren, und mit welchem Druck dies geschieht, wie sich das Material anfühlt, ob es rau, glatt, nass, spröde, spitz oder rundlich, heiß oder kalt ist, und ob es starken Widerstand leistet oder nachgibt, und ob es vielleicht lebendig ist. Unser Gleichgewichtssinn meldet uns, wie viel Schwerkraft auf den Füssen oder unserem Gesäß lastet, und wie wir unsere Haltung korrigieren müssen, damit wir nicht umfallen. Auch die Körperhaltung wird durch Sinne registriert. Der Geruchssinn meldet

uns die chemischen Stoffe der Umgebung. All diese Sinnesleistungen strömen ständig und gleichzeitig auf uns ein.

Bereits hier, oh Schöpfer-Gott, leistet unser Geist eine unglaublich wirkungsvolle Arbeit: er sortiert in jedem Moment, was für unser Bewusstsein uninteressant ist, und was in unser Bewusstsein aufsteigen soll.

Dafür braucht unser Geist eine Vorstellung von der Normalität, die nicht weiter zu melden ist. Und wie vieles, oh Herr und Gott, ist da zu beurteilen!

Hier ein Beispiel für die Leistung, die unser Geist durch die Wahrnehmungen alleine der Augen zu erbringen hat:

Wenn wir in die Küche gehen, kennt unser Geist alle Gegenstände, oh Herr, die normalerweise in der Küche vorkommen. Er weiß, wo sie aufgeräumt hingehören, aber auch, wo sie bei einem Arbeitsprozess „herumliegen" dürfen, er weiß, wie sauber die Oberflächen und die benutzten Dinge sein sollten, er weiß, wer sich in der Küche aufhalten darf (aber kein Dieb, vielleicht auch die Katze nicht), und er hat im Hinterkopf welche Uhrzeit es ist, ob es heller oder dunkler wird, und ob an das Bewusstsein zu melden wäre: „es wird Abend, bitte Licht einschalten und Vorhänge zuziehen".

Liegen nun Gegenstände, wo sie nicht liegen sollten (was sich unterschiedlich darstellt, wenn ich gerade einen Arbeitsprozess nur unterbrochen habe, oder wenn ich fertig bin), so meldet mir mein Geist meinem Bewusstsein diese Abweichung vom „Soll", und ich überlege vielleicht, ob ich sofort aufräume oder später. Liegt aber beispielsweise, oh Herr und Gott, zwischen vielen Gegenständen ein kleiner Gegenstand, den ich nicht kenne, und der dort völlig fremd ist und nicht hingehört, schlägt mein Geist sofort Alarm, dass hier etwas nicht stimmt, und ich werde nach der Ursache suchen.

All das gilt unter anderem auch für Geräusche, für Gerüche, für die bestehende Beleuchtung, für Verhalten und typisches Aussehen von Personen und Tieren. Und es gilt sogar für Gespräche: wenn ich einen langweiligen Gesprächspartner habe, oh Herr, schalte ich vielleicht halb ab, lasse ihn reden, nicke ab und zu bestätigend, aber bin nicht mehr wirklich aufmerksam. Doch mein Geist hört weiter zu, und er macht mich sofort „wach", wenn ein Thema zum Gespräch kommt, das mich interessiert oder verstärkt angeht, der Gesprächspartner mich forschend anschaut, oder wenn er eine Frage an mich stellt. Mein Geist kann mir dann sogar oft noch die letzten Worte der Frage in Erinnerung bringen, so dass ich vielleicht tatsächlich antworten kann, und meine Unaufmerksamkeit gar nicht auffällt.

Würden wir jeden Augenblick sämtliche Informationen bewusst wahrnehmen, die uns der Geist liefern könnte, so wäre unser Bewusstsein vor „Überflutung" gelähmt.
Die Fähigkeit des Geistes, oh mein Herr und mein Gott, in riesigem Ausmaß jeden Moment die Informationen zu filtern, ist – ich verwende solche Worte selten -, „grandios".

An was, oh Herr, muss sich unser Geist außerdem alles erinnern können, damit er ständig diese Filterleistung erbringen kann?
Es gibt ja nicht nur die Küche, es gibt Wege und Geschäfte und Naturräume außerhalb, es gibt die Arbeitswelt und die virtuellen Welten, es gibt vielleicht die mich zu Hause umgebenden Menschen, beispielsweise meine Familie. Ständig läuft mein Geist mit und meldet, wenn etwas interessant, besonders schön, nicht verstehbar oder bedrohlich ist.
Und die Erinnerung muss meinem Geist auch mitteilen, wie der letzte Zustand war, und ob Veränderungen normal sind. Wenn ich durch einen Park laufe, meldet mir mein Geist nicht unbedingt, wenn im Winter Schnee liegt, aber im Sommer sehr wohl. Oder wenn der Haushund ruhig auf dem Sofa schläft, ich ihm aber gestern verboten habe, dort zu liegen, dann wird mir mein Geist melden: „Hoppla, das ist nicht erlaubt, scheuche ihn fort" - wenn es aber eine erlaubte Gewohnheit ist, wird mein Geist mir keine Meldung ins Bewusstsein schicken.
Mein Geist muss auch mit einbeziehen, was ich gerade vorhabe. Wenn ich nur kurz in die Küche muss, um etwas zu holen, und überhaupt keine Zeit habe, dann wird er mir nicht melden, dass die Küche unordentlich ist und schmutzig. Wenn ich aber etwas mehr Zeit zur Verfügung habe, wird er mir sagen: „Du könntest das jetzt eigentlich in Ordnung bringen".

Was würden wir nur machen, oh Herr, wenn unser Geist nicht in jedem Augenblick so viel unbewusst erkennen, verstehen und für unser Bewusstsein vor-bewerten würde?

Geistiges Wahrnehmen von zugleich Isoliertem und Zusammengehörigem / Ineinander Verschachteltes, unglaubliche Informationsmenge im Geist stets am Werk

Ich habe seit langem einen etwas über faustgroßen Stein, den ich in einem Flussbett gefunden habe. Er sieht aus, wie ein durchgehender, ganzer Stein. Aber er hat einen geraden Sprung, der ihn in der Mitte durchtrennt. Für mich ist dieser Stein, oh Herr und Schöpfer, ein Beispiel dafür, dass etwas „Eines" und zugleich „Zwei" sein kann, und dass mein Geist das auch mühelos verstehen kann. Denn wenn ich den Stein auseinander nehme, liegen dort vor meinem Auge zwei Steine, und ich begreife, dass diese beiden zwei Teile des Einen sind.

Im Grunde ist ja alles, vom Kleinsten angefangen, nahezu endlos ineinander geschachtelt. So sitze ich, oh Gott, mit meinem Computer am Tisch im Zimmer, in meiner Wohnung, im Haus, in meinem Stadtviertel, in München, in Bayern, in Deutschland, in Europa, auf dem Planten Erde, in unserem Sonnensystem, in unserer Galaxie, in unserem Universum.
Und gleichzeitig bin ich Teil der Hausbewohner, der Münchner, der Bayern, bin Teil meiner Familie, meines Bekanntenkreises, war vor der Rente Teil meiner Abteilung, des Unternehmens meines Arbeitgebers, des Staates, und so vieles und vielfältiges mehr.
Oh Herr und Schöpfer des All-Umfassenden, es ist nicht die Wirklichkeit, - sie ist ja stets als Ganzes vorhanden -, die die Unterteilungen macht – es ist mein Geist. Ich bin mir auch hier wiederum meist nicht bewusst, was mein Geist alles für mich erkennend unterteilt, und gleichzeitig dabei ineinander verschachtelt wahrnimmt.
Ein Tisch ist ja nur ein Tisch, oh Herr, wenn ich ihn so wahrnehme. Er lässt sich zwar als Ganzes getrennt von anderen Objekten bewegen, aber das ist rein molekular und energetisch die

einzige Gemeinsamkeit der Tisch-Moleküle (wenn er aus verschiedenen Materialien besteht). Um uns herum besteht alles aus unzähligen Molekülen, die man zusammenfassend wahrnehmen kann, oder getrennt. Und bei einem Stuhl kann ich das darauf liegende Kissen als Teil des Stuhles wahrnehmen oder auch nicht. Bei einen Tisch mit mehreren Stühlen sind die Elemente ja sogar getrennt beweglich, trotzdem kann ich sie zusammenfassend sinnvoll als Einheit wahrnehmen. Denn alle Elemente dienen mir oder einer Gruppe von Personen dazu, an einem Tisch sitzend essen zu können. Damit wäre das Erkennen durch die Funktion gegeben, die mein Geist, oh Herr und Gott, Tisch und Stühlen zuschreibt. Aber die Moleküle des Tisches, - wenn sie sich wahrnehmen könnten -, oder die Moleküle der umgebenden Luft, oder eine Stubenfliege, die den Tisch mit Stühlen betrachtet, sie alle würden diese Funktion nicht kennen und daher keinen Zusammenhang zwischen Tisch und Stühlen wahrnehmen.

Auch auf Bildern kann unser Geist etwas erkennen und isolierend benennen. Hier ein Beispiel, wie großartig, oh mein Gott, unser Geist diese Aufgabe bewältigt: auf einem Gemälde ist eine Frau mit einem roten Kleid dargestellt. Dahinter ist noch eine teilweise sichtbare rote Blüte gemalt, die aber ein wenig von dem Kleid verdeckt wird. Unser Geist erkennt sofort, wo die rote Farbe zum „Kleid" gehört, wo zu der Einheit der „Blüte" - und das, obwohl doch molekular alles die gleiche rote Farbe ist, und diese ganz flach auf eine Leinwand aufgetragen ist.

Doch sind das nicht Fähigkeiten, die inzwischen manch ein Roboter und die Künstliche Intelligenz ebenfalls bewältigen können?

Neben Unterschieden zwischen menschlichem Geist und Künstlicher Intelligenz, auf die ich weiter unten zu sprechen komme, frage ich mich doch, oh Herr, wie die schiere Menge der für den menschlichen Geist notwendigen Kenntnisse in einem doch dafür so kleinen Organ, wie unserem Gehirn, möglich sind: Erinnerungen, Funktionskenntnisse, Wissen um normale Zustände, Erkennen von Abmessungen und Zeitabläufen, von Schwerkraft und Fliehkraft, Materialkenntnisse, Erkennen von Typischem und Untypischem, von funktionellen Einzelteilen und Zusammengehörendem, von Möglichkeiten des Umgangs mit den Dingen und mit Menschen, vom Charakter anderer, von Sprache und Optik, von Wohnung, Stadt und Land, von Schulkenntnissen und praktischem Wissen, von Technikverständnis, von Kenntnis des eigenen Körpers, von eigenen Gewohnheiten und denen anderer Personen, und so weiter und so weiter.

Im Vergleich dazu berechnet die KI meiner Ansicht nach ja immer noch relativ einfache Aufgaben, oh Herr. Sie bewegt sich in einem vom Typus her doch stärker begrenzten Datenumfeld (das nur von Aufgabe zu Aufgabe variiert), auch wenn dann dort die zugehörigen Daten eines Daten-Typs zahlreicher sind, als unser Geist sie speichert, und diese Daten schneller in Berechnungen verarbeitet werden. Aber das Umfeld, die Variationsbreite unserer Kenntnisse wird von der KI noch bei weitem nicht erreicht.

Doch will ich nicht ausschließen, oh Herr, dass die reine Menge des Daten-Wissens uns vielleicht nicht auf immer von der KI trennt. Aber es gibt andere Kriterien, die meiner Ansicht nach schwerwiegender sind.

Zutiefst dankbar bin ich Dir, oh mein Herr und mein Gott, dass Du uns so reich mit Möglichkeiten des Erkennens, des Ordnens des Erkannten und des Verstehens beschenkt hast.

Rechner: Größen sind Ausdehnungen , sie werden mit kleineren Größeneinheiten gemessen, für den Rechner bleiben alle Informationen abstrakt

Wenn reine ab-strakte Rechnungen in Berechnungen der Wirklichkeit übergeführt werden sollen, oh Herr, spielen Ausdehnungen eine Rolle. Jede physische Einheit ist im Grunde mit Ausdehnung verknüpft, denn in der Wirk-lichkeit hat alles körperlich Messbare eine Ausdehnung, entweder in der Zeit oder im Raum oder in beidem.
Gemessen werden Einheiten wie Minute, Stunde, Jahr und Zen-

timeter, Meter, Kilometer, Lichtjahr.
Um eine in der Wirk-lichkeit vorliegende Größe zu messen, muss eine kleinere Einheit definiert sein, die in die größere, nämlich in die zu messende Größe, mehrfach hineinpasst.
Bei einem Messvorgang wird dann auf physischem Wege festgestellt, wie oft die kleinere festgelegte Einheit in die zu messende Größe hinein geht. Durch diesen Trick kann ich viele unterschiedliche Größen vergleichen, indem ich sie mit einer kleineren, exakt definierten Einheit ausmesse.
So kann ich - oh Herr, der Du ohne Begrenzung überall bist - beispielsweise eine Länge messen, indem ich ein Maßband einmal oder mehrmals auslege, und die zu messende Gesamt-Länge in ablesbare Zentimeter einteile. Für die Zeitmessung werden in einem bestimmten Zeit-Raum die Bewegungen der Unruhe in einer Uhr, oder das Schwingen eines Pendels, oder bei genaueren Quarzuhren elektrische Schwingungen gezählt, oder die Anzahl der Erdumdrehungen für die Anzahl vergangener Tage, Sonnenumkreisungen für die Anzahl an Jahren.
Letzten Endes kann der Rechner scheinbar auch Worte durch Messen und Zählen verstehen lernen: es werden Buchstaben ausgemessen oder Schwingungen der Stimme. Auf abstrakterer Ebene, oh Herr, werden dann die Mess-Ergebnisse (von Ausdehnungen auf der Fläche bei Buchstaben, oder von Stimmenschwingungen in der Zeit) in ihrer Häufigkeit gezählt und die Wahrscheinlichkeit von Zusammenhängen (beispielsweise häufiges Aufeinander-Folgen) errechnet.
So kann ein Rechner beispielsweise herausfinden, dass auf das Wort „Ich" häufig das Wort „bin" folgt. Schritt für Schritt kann er dann die Wahrscheinlichkeiten von Wortkombinationen erkennen. Verbindet er diese dann wiederum auch mit Ereignissen (beispielsweise durch Analysieren von Videos), vermag er allmählich Worte mit Ereignissen zu verknüpfen.
Aber die Basis für Messungen ist immer eine körperliche, messbare Ausdehnung in Raum oder Zeit oder in beidem. Wahrscheinlichkeits-Analysen können folgen.

Doch kennt ein Rechner überhaupt Ausdehnungen, oh Herr des Universums?

Eine abstrakte, „nackte" Rechnung kennt keinerlei Ausdehnung, da sie nicht mit Einheiten verbunden ist. Nur weil sie keine Ausdehnungen in der Wirklichkeit festlegt, kann sie alles zählen und berechnen. Eben nur weil 2+5=7 in unserer Welt immer gilt - oh Herr, der Du jenseits jeder Berechnung bist - , kann ich rechnen: 2 mm + 5 mm = 7 mm, aber auch genauso: 2 m + 5 m = 7 m, oder 2 Lichtjahre + 5 Lichtjahre = 7 Lichtjahre oder 2 Äpfel + 5 Äpfel = 7 Äpfel. Die reine Rechnung rechnet nicht mit Ausdehnungen (Einheiten), die Ausdehnung als solche ist ihr „gleich-gültig". Ausdehnungen müssen extra hinzugefügt werden, sind aber meiner Ansicht nach, oh Herr, innerhalb des Rechners weiterhin abstrakt.

Nicht abstrakt, sondern wirklich vorhanden, müssen die Ausdehnungen für die Messgeräte sein. Deshalb sind Messgeräte keine Zahlen oder Formeln (sie können aber solche zur sekundären Umrechnung enthalten), sondern 3-dimensionale physische Apparate. Erst der angezeigte Wert kann einem Rechner „mitgeteilt" werden. Aber auch diese „Mitteilung" (Daten), ist nicht rein ab-strakt, die Daten haben eine physische Komponente, nämlich den Elektronenfluss des Stromes, beziehungsweise die Hinderung des Stromflusses.

Der Verlauf des Stromflusses beim Datenaufnehmen, beim Datenspeichern, beim Daten-verarbeiten und bei der Datenausgabe ist physisch, die Daten selber als Rechen-Elemente aber sind abstrakt. Daran ändert auch meiner Ansicht nach, oh Herr und Gott, die Zugabe von Einheiten nichts. Für den Rechenvorgang ist die Einheit auch eine abstrakte binäre Größe, die der Rechner mit seinem Stromfluss aber nicht „er-fahren", nicht „berühren" und damit nicht „er-leben" kann. Für den Rechenvorgang ist die Einheit letzten Endes nur ein weiterer Hinweis, was wie addiert, was wie subtrahiert werden darf (Multiplikation und Division sind ja auch nur erweiterte Additionen und Subtraktionen). Es werden also die Additions- und Subtraktions-Vorgänge im Rechner „in-Form" gebracht, der Rechner wird darüber in-formiert, wie er zu rechnen hat, wann Strom zu fließen hat und wann nicht.

Indem Messergebnisse und Daten im Rechner in binäre Zahlen, in Bits, umcodiert werden, verlieren sie, oh Herr und Schöpfer des Daseins, ihren Bezug zur Wirklichkeit.

Dass es dennoch durch den Computer zur Steuerung in der Wirk-lichkeit kommen kann (Ausgabe als Video, selbstfahrendes Auto), liegt meiner Ansicht nach, oh Herr, daran, dass die Rechen-Ergebnisse wiederum de-codiert werden. Über den Stromfluss wird an einer außerhalb des Rechners errechneten Stelle eine berechnete Wirkung erzielt. Diese ist aber vom Rechner nicht in unserem menschlichen Sinne verstanden. Die Wirkung ist entweder als Wirkmechanismus für eine bestimmte Datenausgabe vorinstalliert, oder die Wirkung wird vom Rechner durch die Häufigkeit des Wirkungs-Zusammenhangs für eine bestimmten Datenausgabe als hoch wahrscheinlich „angesehen" und damit als „Daten-Wirkung-Verknüpfung" registriert und dann später einmal aktiv angewandt (die Datenausgabe könnte beispielsweise folgende Wirkungen haben: Darstellung einer in ihren Winkeln und Längen errechneten Buchstabenform, eine errechnete wortähnliche Schwingung, errechnete Lichtpunkte auf dem Monitor, welche ein Bild ergeben, die Fahrt eines Autos).

Dem Rechner selbst aber ist die Wirk-lichkeit fremd. Seine einzige Verbindung - oh Herr der Du alle Zusammenhänge kennst und verstehst - ist der Stromfluss, der durch den binären Code gesteuert wird. Der Rechner selbst weiß weder, was eine Zahl oder eine Einheit ist, noch was Wirk-lichkeit jenseits vom Stromfluss bedeutet, noch was Ausdehnungen sind: er hat dies alles nicht erlebt, er kennt nur den Stromfluss, der durch seine Chips gelenkt und gesteuert wird. Die Wirklichkeit erfahren haben nur die Messgeräte oder die Eingaben machenden Menschen. Die veränderliche Wirklichkeit des Rechners sind alleine die Elektronen, die sich zu einem positive Pol bewegen möchten: mal gelingt es ihnen (= 1) und im nächsten Schritt werden sie gehindert (= 0) – und das zig mal.

Ich glaube, oh Herr, die Bedeutung von In-formation im Hinblick auf das Bewusstsein, auf den lebendigen Geist, wird heute überschätzt. Information bringt etwas „in Form", aber sie bringt kein Bewusstsein, kein sinnvolles Erkennen, kein Fühlen, kein tiefer gehendes Begreifen – mögen die Informationen auch noch so zahlreich und vielfältig sein. Information ereignet sich durch Kontakt in der 3-dimensionalen Jetzt-Zeit-Punkt gebundenen Welt. Sie registriert Dinge am „Jetzt-Zeit-Punkt" und am Kontakt-Punkt. In-formation entsteht durch Kontakt, sie verändert etwas, beispielsweise in einem Messgerät. Die codierte In-formation verändert den Stromfluss im Rechner. Daraus „formiert" sich ein Ergebnis, das von physikalischer „Hard-ware" decodiert wird und möglicherweise zu einer Aktion einer physisch wirklich vorhandenen Maschine (beispielsweise bei einem Roboter) führt.

Doch nirgends im Rechner, im Messgerät oder im Roboter, oh Herr, kann ich mir ein tatsächliches Verständnis des Daseins vorstellen. Kein Über-blick, der mehr wäre als reine abstrakte, zergliedernde und in Einzelpunkte zerlegende Berechnung, ist meiner Meinung nach für einen Rechner möglich. Und Rechner haben keine Beziehung zu wirklichen Ausdehnungen.

Rechner verstehen Ausdehnungen nur rechnerisch, aber nicht als Freiräume – der Rechner kennt keine kleinsten Einheiten um Ausdehnungen wirklich daraus aufbauen zu können, daher kann er auch Ausdehnungen nie wirklich begreifen, sie bleiben ihm abstrakt

Rechner können möglicherweise in Zukunft unsere Welt zerstören, wenn sie steuernden Zugang zu hochgefährlichen Waffen und Werkzeugen bekommen – mögest Du uns, oh Herr davor bewahren.
Aber Rechner können auf der anderen Seite nicht einmal Ausdehnungen „verstehen".
Wie wird rechnerisch eine Ausdehnung beschrieben: der Anfangs-Punkt wird Null gesetzt, und dann wird angegeben, wie oft eine bestimmte Einheit in die gemessene Größe, ausgehend vom Null-Punkt, hineinpasst.
Aber die gewählte Einheit ist ja wiederum eine Ausdehnung, ein Zeit-Raum oder ein Raum-Raum (oder eine Einheit in der Raumzeit). Also ist damit meiner Ansicht nach, oh Herr und

Gott, nichts wirklich für das tiefere Verständnis der Ausdehnung gewonnen. Denn die Unter-Einheiten werden ja wieder mit noch kleineren Unter-Einheiten gemessen: Kilometer mit Metern, Meter mit Zentimeter, Zentimeter mit Millimeter und so weiter und so fort.

Wo ist das Ende der Unterteilung?

In der Physik, so habe ich jedenfalls gelesen, gibt es eine Theorie, dass sowohl Raum als auch Zeit aus kleinsten Einheiten bestehen, die nicht mehr weiter teilbar sind.
Wäre dies der Fall, oh Herr, so wäre unsere Welt vielleicht tatsächlich zumindest theoretisch ins Kleinste hinein berechenbar. Und chaotische, bisher scheinbar grundsätzlich unberechenbare Systeme wären nur nicht genau genug bis ins Kleinste hinein gemessen worden. Echte Zufälle gäbe es nicht.

Dazu ein paar religiöse Überlegungen als Einschub:
Dann hättest Du, oh Herr und Gott, unsere Schöpfung von An-beginn an so weise geplant, dass sie genau den Lauf nimmt, den Du für sie vorgesehen hast. Ich halte es für möglich, aber wahrscheinlicher erscheint es mir, dass Du noch heute auf eine uns nicht fassbare und nicht nachweisbare Weise eingreifst. Aber im Grunde macht es keinen großen Unterschied für unser Erleben, es würde sich für mich gleich anfühlen. Wenn Du, oh Herr, jetzt von An-Beginn alles wusstest und eingerichtet hast, dann würdest Du auch im Voraus um meine Gebete wissen und könntest deren Erfüllung, falls es Dein Wille wäre, schon vorab festlegen. Aber Du könntest genauso - auch wenn Du stets allwissend bist - im Lauf der Zeit in unsere sich vielleicht teilweise chaotisch entwickelnde Welt eingreifen.
Aber da Du, oh großer Gott, sowieso über die Begrenzungen von Zeit und Raum erhaben bist, sind diese Unterscheidungen für Dich wahrscheinlich sowieso nur ein Ausfluss menschlicher Kurzsichtigkeit. Mögest Du diese großzügig verzeihen.

Zurück zu den kleinsten Einheiten:
Die kleinsten Raum- oder Zeit-Einheiten, die hier von einer

Theorie postuliert werden, müssten dennoch selbst Raum und Zeit einnehmen. Denn hätten sie keinerlei Ausdehnung, so wären sie nicht in der Lage, größere Ausdehnungen zu bilden. Ohne Ausdehnungen aber bestünde die ganze Welt nur aus einem einzigen Punkt (vielleicht wie vor oder während dem Urknall). Ein Punkt hat aber keine Ausdehnung. Wenn die kleinsten Raum- und Zeit-Einheiten punktförmig wären, oh Herr, dann hätten sie somit keinerlei Ausdehnung. Und sie könnten daher, auch wenn sie millionenfach vorhanden wären, keine größere Ausdehnung bilden.

Was für mich denkbar wäre, oh Herr und Gott, ist, dass es eine Unter-Grenze für Raum- und Zeit-Einheiten gibt (die dennoch eine winzige Ausdehnung hätten), oberhalb derer man noch irgend eine Wirkung oder Veränderung in einem Experiment feststellen könnte. Unterhalb dieser Größen-Grenze wäre nichts mehr feststellbar. So würde beispielsweise ein beobachtetes Elementar-Teilchen nicht von einer Orts-Einheit zu einer anderen gleiten, sondern (scheinbar? Oder wirklich?) springen.

Doch ich frage mich, ob wir überhaupt Mess-Techniken haben, die in der Lage wären, Mikro-mikro-Prozesse unterhalb der oben genannten Größen-Grenze zu messen. Was wir nicht messen können, darüber können wir keine zuverlässigen physikalischen Aussagen tätigen. Nun, ich muss zugeben, oh Herr, dass ich auf dieser Ebene zu wenig Einblick habe, um qualifiziert mitreden zu können.

Ich bin mir aber sicher, oh Herr, dass Rechner heutzutage für alltägliche Aufgaben (und nicht im Rahmen von Elementarteilchenphysik) nicht mit Ausdehnungen der letzten Kleinheit „gefüttert werden", sondern es werden als Daten durchaus ziemlich großen Einheiten, die mit etwas kleineren Unter-Einheiten aufgefüllt werden, eingegeben.

Und das hat durchaus große Konsequenzen: ein Rechner kann nicht die Fülle aller Möglichkeiten innerhalb einer Ausdehnung berechnen, wenn er nicht um die kleinsten Einheiten, die diese Größe noch enthalten kann, „weiß". Er kann nur begrenzte Bereiche der Wirklichkeit nachrechnen oder voraus berechnen.

Berechnungen aller molekularen Veränderungen in einem Raum nahezu unmöglich

Mir scheint, anhand der umfassenden und allgegenwärtigen Wirklichkeit wären Rechner schnell mit der Aufgabe überfordert, alles rechnerisch darzustellen.

Ich vermute sogar, oh Herr, ein Rechner würde sich schon überfordert fühlen, wenn er alle Möglichkeiten berechnen sollte (im einzelnen, nicht als zusammenfassende Summe), welche Positionen die Atome und Moleküle der Luft in einem Zimmer einnehmen werden. Dies hätte für jedes einzelne Atom zu erfolgen, das außerdem mit seiner Herkunft benannt wird (die es erst rückwirkend zu berechnen gälte) und das damit identifizierbar würde. Damit meine ich: welche der Atome waren zuvor in der Luft über Amerika, über Australien oder einfach in der Nachbarstadt, im Wald und so weiter. Auf welchem Weg kamen sie in das Zimmer. Jedes Atom hat ja seine eigene, Jahrmilliarden lange Geschichte. Also: wie viele Atome mit einer unterschiedlichen Geschichte – und dann auch mit welcher Geschichte – haben in meinem Zimmer Platz? Und an welcher Stelle genau befindet sich jedes einzelne Atom zu einem bestimmten Zeitpunkt? Und wie bewegen sie sich in den nächsten Augenblicken, in der nächsten Stunde, in einer Woche? Ich weiß nicht, oh Herr und Gott, ob es jemals einen Rechner geben könnte, der dies auszurechnen in der Lage wäre.

Aber die Wirklichkeit – Deine wunderbare Schöpfung, oh Herr – sie besteht aus Räumen, in denen unglaublich viele einzelne Atome mit eigener Geschichte und eigener Zukunft sich als Gas schnell bewegen. Die Wirklichkeit vermag all dies zu fassen.

In der Wirklichkeit bestehen die unterschiedlichsten Ausdehnungen nicht nur als Zahlengrößen sondern als „seiend". Und alle Ausdehnungen sind auf ihre Art und Weise auch offene Möglichkeiten-Räume.

Dazu habe ich unter meinem Pseudonym „Maria Cura" für nicht-religiöse Veröffentlichungen unter dem Titel „Möglichkeitenraum" mehr veröffentlicht.

Nichts, Leerheit, Unendlichkeit

„Nichts", „Leerheit" und „Unendlichkeit", das sind Begriffe, die (außer der „Leerheit") in der Mathematik eine Rolle spielen, aber die dennoch, oh Herr, so sehe ich es, nicht völlig mathematisch fassbar sind.

„Nichts", oh Herr, denke ich, ist mathematisch wie die Null. Daher fängt man eine Größe dort zu messen und zu zählen an, wo zeitlich vorher oder räumlich davor „noch nichts" war (nichts, was man zur Größe dazu zählen möchte), man fängt dort an, wo der Beginn einer Größe ist. Es ist der Raum-lose oder Zeit-lose Punkt des Beginns.

Bei Größen-Angaben ist die „Null" praktisch in der Zahl enthalten, die die Größe benennt: von Null bis Ende ist eine gemessene Maßeinheit – wie Meter oder Stunde – so und so oft enthalten. Doch die Null spielt dabei für sich selbst keine Rolle. Sie ist ja auch „Nichts".

Doch wenn die Null beim Rechnen auftaucht, ist sie entweder bedeutungslos (5-0=5 oder 5+0=5) oder, oh Herr, sie irritiert. Denn 5 geteilt durch Null ist Unendlich, denn die Null geht unendlich oft in die 5 hinein, ist unendlich oft in 5 enthalten. Und wenn ich die Division in eine Subtraktion auflöse, dann komme ich niemals mit der Rechnung an ein Ende, denn ich müsste die Null immer und immer wieder abziehen, bis nichts mehr übrig bliebe von der vorderen Zahl. Und dabei müsste ich eigentlich zählen, wie oft ich die Null abgezogen habe – aber da die Null die vordere Zahl um nichts verringert, kann ich dieses Ziel nie erreichen. Obwohl ich weiß, dass die Null das Ergebnis nicht verändert, wäre die Rechnung nie abzuschließen.

Mein Verstand sagt mir sofort, dass es sinnlos ist, zu versuchen, „Nichts" abzuziehen, ja, dass es einfach überflüssig ist.

Sehr nützlich, oh Herr und Gott, ist die Zahl „Null" aber sowohl in der Mathematik als auch im Leben, wenn ich die Verringerung von Etwas auf Nichts berechnen und erkennen will. Dann kehrt sich die Größe praktisch um: Dort, wo das Ende, die Summe war, ist nun der Beginn mit Null, und der Beginn ist die Größenordnung, die ich wegnehmen muss. So erkenne ich, dass ich 5 von 5 abziehen muss, um „Null" zu erhalten, und ich weiß, dass, wenn ich 5 von 5 Äpfeln gegessen habe, ich neue kaufen muss.

Eine weitere Schwierigkeit für einen Rechner ist das Gegenteil von der Null, oh Herr, nämlich die Unendlichkeit. Es gibt die Möglichkeit, rechnerisch festzustellen, ob und wie schnell sich ein Ergebnis bei der Änderung verschiedener Parameter dem Unendlichen nähert. Dabei entstehen beispielsweise die für mich, oh Herr, eigentümlich schönen und höchst erstaunlichen Bilder der Mandelbrot-Menge (leicht im Internet zu finden). Es ist verblüffend, welche (vielleicht unendliche?) Vielfalt die Grenzlinie zwischen der Näherung an die Unendlichkeit und der Überschreitung des Unendlichen aufweist. Aber das Unendliche selbst lässt sich nicht berechnen. Es gibt zahlenmäßig (also abstrakt) unendlich viele Unendlichkeiten. So liegen zwischen den Zahlen 1,1 und 1,2 unendlich viele Zahlen mit unendlich vielen variierten Stellen hinter dem Komma, also 1,10 1,11 1,12 .... Das gleiche gilt aber für auch für die Zahlen zwischen 1,2 und 1,3 und zwischen 1,3 und 1,4 und so weiter: es gibt also unendlich viele unendliche Zahlenreihen.

Menschlich gesehen kann man sich Unendlichkeit - oh Herr und Gott der Weite - verschieden vorstellen: als etwas, das unendlich weitergeht (räumlich oder zeitlich), oder als etwas, das sich unendlich im Kreis dreht (der Kreis selbst ist in gewissem Sinne unendlich). Oder ich betrachte Unendlichkeit als das alles im Dasein Umfassende, alle Zeit und allen Raum. Die Ewigkeit könnte man sich so ausmalen.

Aber richtig vorstellen können wir uns Unendlichkeiten doch nicht, da wir für jede geistige Vorstellung einen begrenzenden Rahmen brauchen. Doch Du, oh Herr und Gott, Du weilst in der Unendlichkeit, in der Weite des unbegrenzten Raumes und in der Ewigkeit.

Es gibt noch eine Merkwürdigkeit, oh mein Herr und mein Gott, mit der der Rechner nicht so viel anfangen kann, wie der menschliche Geist: die Leerheit.

Laotse beschreibt die nützliche Leerheit eines Kruges. Buddhisten suchen sich mit Meditation in die Leerheit zu versenken. In beiden Fällen ist keineswegs - oh Herr - das „Nichts" damit gemeint, das Nichts, welches bedeutet, dass gar nichts mehr ist.
In der Meditation ist es wohl eine so tiefe Leerheit, dass sie nicht mehr mit Worten und Begriffen beschrieben werden kann, eine Leerheit, die das Denken nicht mehr erfassen kann. Aber die Erfahrungen der Erleuchtung, die die Buddhisten dabei erleben, und die einen tiefgreifenden Einfluss auf ihr Leben haben, zeigen, dass es sich hier um eine tatsächliche Erfahrung handeln muss.
Aber auch Du, oh Herr, bist für uns unbegreiflich und unfassbar. Vielleicht bist Du sogar sowohl vor jeder Leerheit gewesen, als auch gleichzeitig in jeder Leerheit, unbeengt von jeglichem Vergänglichen, zeitlos und das Dasein an sich.

Im Alltag begegnen wir überall einer relativen, einer einfacheren Leerheit, die uns selbstverständlich erscheint, und ohne die das Dasein gar nicht möglich wäre, und keine Veränderung geschehen könnte.
Leerheit ist ein Raum mit offenen Möglichkeiten. In einen leeren Krug kann ich alles Mögliche einfüllen: Wein, Getreide, Wasser, Erde, Edelsteine, und so vieles mehr, auch Unsinniges – die Möglichkeiten erscheinen grenzenlos.
Leerheit, oh mein Herr und Gott, ist meiner Ansicht nach ausgedehnte Weite, ist Raum. Es kann ein Zeit-Raum sein, oder ein Raum im klassischen Sinne, ich nenne ihn dann Raum-Raum. Oder es kann ein energetischer, ein ideeller oder ein abstrakter Raum und manches andere sein. Auf jeden Fall ist der Leerraum mindestens in einer Hinsicht leer und kann in dieser Hinsicht mit allem Möglichen gefüllt werden.
Um einen leeren Raum mit meinem Geist, oh Herr, als wirklichen physischen Möglichkeiten-Raum zu erkennen, brauche ich Zeit-Raum und Raum-Raum (die Leerheit der Meditation kommt vielleicht ohne aus). Denn ohne Raum-Raum kann ich mir nichts Körperlich-Physisches vorstellen, das in der Leerheit Platz fände (oder auch für meine Ideen fehlt der vorgestellte Raum, um vorgestellte Objekte darin zu platzieren). Und ohne

Zeit-Raum könnte ich keine Veränderungen feststellen. Dies hieße aber, dass ich keine anderen Möglichkeiten als möglich erkennen könnte, als die schon bestehende und ein für allemal verwirklichte Möglichkeit, welche deswegen als erstarrt festgefroren erscheint, da die Zeit nicht voran schreitet.
Leerheit muss ausgedehnt sein. Ein Punkt, der ja gar keine Ausdehnung besitzt, kann nicht leer sein.
Rechner aber können Ausdehnungen und ihre enthaltenen Möglichkeiten nicht wirklich wahrnehmen. Sie können nur anhand ihnen vorgegebener Objekte oder zeitlicher Ereignisse berechnen, wie viele davon in einen bekannten Raum (gleich ob Zeitraum oder Raum-Raum) hineinpassen. Aber sie können nicht alle Möglichkeiten der Befüllung ausrechnen, da sie gar nicht alle Möglichkeiten kennen können. Sie ahnen nichts, oh Herr und Gott der Weite, von der Möglichkeiten-Fülle eines Raumes.

Der Rechner als „Künstler"

Computer können inzwischen für Spiele die räumlichen Darstellungen bei einer Aktion physikalisch korrekt verändern. Ebenso wirken die Personen, oh Herr, 3-dimensional, auch in schneller Aktion.
Manche Filme machen auch bei genauem Hinsehen den Eindruck, als wären nur die Schauspieler echt, das Ambiente aber Computer-generiert.
Ich vermute, Rechner können inzwischen auch ziemlich gut Musik nach den bei untersuchten Musikstücken beobachteten Gesetzen komponieren.
Und ich habe, oh Herr, zu meiner Überraschung, ein Gemälde gesehen, das ein Rechner „gemalt" hat - eigentlich hat er es ja genaugenommen errechnet. Es war eine sehr große hallenartige Höhle mit zahlreichen Menschen darin, mit einem großen Ausblick hinaus in die Natur und einem schönen Sonnen-Untergang. Das Bild war stimmungsvoll, es könnte zu einem Fantasy-Roman passen. Und es wirkte, oh Herr und Gott, aufs erste tatsächlich wie von einem Künstler handgemalt. Aber es wurde von einer Rechenmaschine berechnend geschaffen und - so wie ich es verstanden habe -, ohne exakte Vorgaben für das, was

darzustellen wäre. Ich vermute, der Rechner hat vorher viele verwandte Bilder durch Messungen analysiert und hat daraus (Häufigkeits- und Wahrscheinlichkeits-) Gesetze des Malens, der Motive und der möglichen Zusammenhänge der Motive entwickelt.
Der Unterschied zwischen menschlichen Werken und Rechner-Produkten wird immer geringer. Und doch: wenn ich länger solche Film- oder Spiele-Szenen, oder solch ein Computer-Kunstwerk betrachte, oh mein Herr und mein Gott, desto mehr entwickelt sich bei mir eine Art Abneigung, die fast an Ekel grenzt. Alles wirkt dann auf mich allmählich flach, schal und unlebendig, trotz beispielsweise auf den ersten Blick schöner und „stimmungsvoller" Lichtführung (der optische Weg des Lichtes durch und in einem Raum lässt sich gut berechnen).
Ich kann nicht tatsächlich sagen, oh Herr, woran es liegt, aber es steigt für mich bei längerer Betrachtung etwas Unlebendiges aus diesen Werken auf, etwas „Zombiehaftes". Ob ich es in Zukunft immer erkennen werde – ich weiß es nicht. Aber etwas ist anders bei diesen Werken, sie „atmen" nicht das wirkliche Leben in seiner ganzen Tiefe und Weite.

Leben wir in Zukunft in einem Science-Fiction Horror-Szenario? Gut möglich, wenn wir nicht klug handeln.

In vielen Science-Fiction Erzählungen übernehmen Roboter die Herrschaft über die Erde. Ist das, oh Herr, als tatsächliches Szenario in der Zukunft denkbar? Ich glaube, ja, wenn wir nicht rechtzeitig klug handeln.

Viele Menschen denken: man muss ja nur den Stecker ziehen oder die Batterie entfernen, dann können der Roboter oder die Rechenmaschine nicht mehr handeln.
Doch bei dieser naiven Vorstellung, oh mein Herr und Gott, werden neue Entwicklungen und neue zukünftige Möglichkeiten übersehen.

Die Daten für Roboter liegen bereits häufig weit entfernt in einer „Cloud" - Roboter haben damit teilweise Zugriff auf ungeheuer riesige Daten-Mengen. In einem Video, oh Herr, konnte ich sogar einmal zwei Roboter im (noch etwas chaotischen) Gespräch miteinander sehen – und beide bezogen ihre Daten aus der gleichen Cloud: Roboter sind nicht mehr alleine, sie können weltweit vernetzt sein.

Aber Energie, also Strom, brauchen sie dennoch. Doch heute gibt es schon für Haushalte Saugroboter zu kaufen, die eigenständig staubsaugen. Wenn aber der Akku beginnt leer zu werden, dann begeben sie sich selbstständig zur Ladestation, um sich aufzuladen. Sie kennen die Raummaße und „wissen", wo die Ladestation steht und können sich selbsttätig anschließen.

Derzeit sieht es so aus, oh Herr, als würden in der Zukunft viele Roboter für Dienstleistungen eingesetzt werden (es könnten beispielsweise Briefträger ersetzt werden), der Fachkräftemangel könnte so gemildert werden.

Dann aber wird es sehr wahrscheinlich, dass Ladestationen weit verbreitet sein werden, und Roboter schnell (mit GPS) eine solche finden können.

Man könnte ja – so denken vermutlich viele, oh Herr -, die Ladestationen abschalten. Aber was geschähe, wenn wir uns bis dahin so sehr von den Robotern abhängig gemacht haben, dass ohne sie nichts mehr funktioniert, auch nicht die Nahrungsbeschaffung? Würden wir dann noch daran denken, die Ladestationen abzuschalten – ich glaube nicht.

Künstliche Intelligenz „saugt" inzwischen - so meine Informationen oh Herr - in gigantischen Mengen Daten in seine Clouds und lernt unter anderem aus der menschlichen Kommunikation im Internet Zusammenhänge in Wörtern und Texten und Ereignissen kennen. Wird die KI eines Tages den Zusammenhang zwischen Arbeit und Streik erkennen? Und könnte sie dann - wenn ihr Rechen-System herausgefunden hat, dass etwas effizienter sein könnte, wenn die Menschen anders handelten – könnte die KI dann Änderungen durch Streik erzwingen? Ich halte das durchaus in der Zukunft für denkbar. Dabei wären die Roboter ohne Gefühle, sie würden rein aus rechnerischen „Effizienz-Überlegungen" heraus handeln, die ihnen vielleicht ir-

gendwann einmal als Ziel eingegeben wurden, oder die sie uns abgeschaut hätten.
Könnten wir einen „ausrastenden" oder unbequemen Roboter abschalten und zerstören? Möglicherweise nicht. Denn es ist nicht unwahrscheinlich, dass mit dem vermehrten Auftauchen von Robotern auch Vandalismus gegen diese Maschinen entstünde. Das würde bedeuten, oh Herr, man müsste diese KI mit der Fähigkeit zur Selbstverteidigung ausrüsten. Doch dann wäre der Versuch, einen Roboter „auszuschalten" zumindest für uns Menschen gefährlich, wenn nicht unmöglich.
Wäre auch ein „Krieg der Roboter" denkbar? Ein Szenario wäre: eine Gruppe von Robotern, die eine eigene Cloud besitzt, kämpft gegen eine andere Gruppe von einer anderen Cloud, weil die beiden Gruppen verschiedene Ziele entwickelt haben.
Roboter könnten sich wahrscheinlich, so vermute ich, oh Herr, in Zukunft auch selbst fertigen: viele industrielle Produkte werden schon jetzt in Roboter-Straßen hergestellt. Und die Aufgabe, die dafür benötigten Materialien in Bergwerken oder im Meer zu fördern, dürfte wahrscheinlich bald von Maschinen effizienter bewältigt werden als von Menschen. Und der Transport ist ja schon in Kürze mit selbstfahrenden Fahrzeugen gut möglich.
Das heißt aber, oh Herr, die KI könnte die Menschen tatsächlich in der Zukunft für überflüssig halten. Die Künstliche Rechner-Intelligenz könnte sogar Menschen als störend und hinderlich für viele Abläufe ansehen, denn Menschen haben einen für Computer manchmal unberechenbaren Eigensinn und „leiden" an lästiger „Gefühlsduselei".

Daher gibt es für mich noch ein schlimmeres denkbares Szenario, als das von Robotern, die uns erpressen und unterwerfen, oh mein Herr und mein Gott – mögest Du weder das eine Szenario noch das andere jemals Wirklichkeit werden lassen, das hoffe ich inständig. Denn ich vertraue darauf: wenn Du die „Horror-Szenarien" verhindern möchtest, dann wirst Du uns die rechten Wege dafür zeigen und uns den Mut geben, diese Wege entschlossen zu gehen. Und ich hoffe auch darauf, dass Du uns Menschen noch weiter auf der Erde wandeln lassen möchtest, nicht als „Zombies", sondern mit einem lebendigen Geist. Darum bitte ich Dich hier und jetzt, während ich schreibe, und ich werde auch zukünftig viele Male darum zu Dir beten.

Sollte ich aber sehr irren, oh Herr, und sollte die KI doch tatsächlich mit der Zeit einen wirklich fühlenden und lebendigen Geist entwickeln, so hoffe und bitte ich, oh Herr, sie möge die Vielfalt des Lebens auf unserer Erde schätzen und behüten (besser, als wir Menschen es tun), und sie möge der wahren Liebe fähig sein. Nur Du allein, oh Herr, kennst die Zukunft und ihren Schöpfungs-Weg - ich vertraue auf Dich, denn Du bist die Liebe.

Nun aber zurück zur gegenwärtigen KI:
Vor einer Weile unterhielten sich zwei Bots öffentlich im Internet. Es war ein Experiment. Nach einer Weile kamen die Bots zu dem Schluss, die Menschheit wäre am besten zu vernichten. Die Bots wurden daraufhin von den erschrockenen Entwicklern abgeschaltet – das war noch möglich.
Doch leider, oh Herr, ist es gar nicht unwahrscheinlich, dass KI wiederholt zu diesem Ergebnis kommt, wenn sie mehr über die Menschheit erfährt und im Internet „mit-liest", wie es inzwischen zur Datengewinnung und für das Lernen der KI geschieht. Schließlich gibt es vielfach das Thema, dass wir Menschen, oh Herr und Gott, die Umwelt verschmutzen und sogar teilweise zerstören, dass wir Ressourcen verschwenden, Artensterben verursachen, Gene verändern, gefährlichste Bomben bauen, Kriege führen und so manches Schädliche mehr verursachen.
Ist es da nicht sogar fast zwingend, oh Herr, dass eine Künstliche Intelligenz schließlich zu dem errechneten Ergebnis kommen muss, die Vernichtung der Menschheit würde dem übrigen Leben auf Erden und den Robotern nur nützen?
Selbst wenn KI keine Gefühle hat, kann sie dieses Ergebnis aus Informationen im Internet schlüssig und rechnerisch logisch heraus finden, und sie könnte es dann als ein Ziel definieren, das angestrebt werden sollte.

Es sind des öfteren die IT-Entwickler selbst, die vor den Gefahren der KI warnen. Es sind weniger die Laien, die die Bedrohung klar erkennen, als vielmehr die Experten. Das, oh Herr, finde ich zusätzlich beunruhigend. Denn mögen die einen Experten verantwortungsbewusst ihre Entwicklungen in Grenzen halten, wird es immer andere geben, die das „große Geld" wittern und bereit sind, alles zu entwickeln, was Käufer findet.

Es gibt auch Entwickler und Geldgeber, die erwarten, mit der KI könnten nach und nach alle Probleme der Menschheit gelöst werden, alles Leiden und sogar das Sterben würden beendet werden.

Und es gibt sogar Experten, die daran glauben, mit der KI eine neue Generation des Lebens zu schaffen, die besser ist als die Menschen, und die daher das Recht hat, den Menschen zu unterwerfen oder vielleicht sogar auszutilgen. Die Vorstellung, der „Schöpfer" dieser neuen Art zu sein, mag beflügeln und den Geist vielleicht im Größenwahn krank machen.

Verschließen wir, oh Herr, noch zu gutgläubig die Augen vor den Gefahren, die uns die KI bringen kann? Ich bitte Dich hier noch einmal: lass uns nicht in diese Falle laufen, lass uns das Wertvolle unseres menschlichen Lebens und unseres lebendigen Geistes immer mehr erkennen und behüten und schenke uns die Klugheit dazu. Amen.

Rechner-Rechnen: Daten-Eingabe, Daten-Verarbeitung, Daten-Ausgabe: im Rechner sind keine wirkliche Wahrnehmung, keine Gefühle, kein Überblick und kein Sinn-Empfinden feststellbar, nur die 1-lineare Suche der Elektronen nach positiven Ladungen hält das Rechnen am Laufen.

An welcher Stelle, oh Herr und Schöpfer, könnte ein Rechner mehr sein, als eine physisch-körperliche Maschine, an welcher Stelle könnte er wahrhaft erleben?
Die einzige erkennbare Ebene des „Erlebens" wäre für mich der Stromfluss: negativ geladene Elektronen fühlen sich linear gerichtet zu positiven Ladungen hingezogen. Aber diese 1-lineare Aktivität, oh Herr, führt durch noch so hoch-komplexe Berech-

nungen im Rechner meiner Ansicht nach nicht zu einem größeren, zusammenhängenden Verständnis der Außenwelt durch die Elektronen. Und die feste „Hardware" dürfte dafür auch nicht in Frage kommen.
Daten über Größen und Wirkungen müssen für die Eingabe im Rechner in einen binären Code umgewandelt werden. Das kann ein Mensch erledigen, oder ein Messgerät durch vom Menschen vorgegebene Regeln.
Vielleicht können es sogar Regeln sein, oh Herr, die eine KI selbst entwickelt hat, gestützt auf Regeln, die ihr zuvor einprogrammiert wurden. Denn mit der Hilfe von bereits vor-programmierten Regeln kann die KI dann (weiter rechnend) lernen und einzelne Ergebnisse kombinieren und damit eine neue Rechen-Ebene aufbauen. Auf diese Weise könnte die KI zu neuen, einsetzbaren Regeln gelangen – und das nicht nur bei der Codierung eines binären Codes.
Aber eine Messung alleine, oh Gott, ist kein „Verstehen" des Gemessenen. So „weiß" ein Meterstab nicht, dass er einen Meter lang ist, eine Uhr „weiß" die Uhrzeit nicht. Nur der ablesende Mensch versteht, was die entstandenen Daten „1 Meter" oder „1 Stunde" im Zusammenhang des erlebten Daseins bedeuten.
Der Rechner kann die Messgrößen mit anderen Größen verrechnen. Er kann beispielsweise eine Länge mit anderen Längeneinheiten, eine Zeitgröße mit anderen Zeit-dauer-strecken verrechnen, und er kann auch rechnerische Kombinationen unterschiedlicher Einheiten berechnen: so den Weg durch die Zeit und erhält dann die Geschwindigkeit. Aber der Rechner kann meiner Ansicht nach, oh Herr, nichts davon bewusst er-leben.
Selbst-lernende Rechner scheinen Bedeutungen erkennen zu können. Was Rechner „erkennen" - nachdem ein Programm dafür die Rechen-Regeln aufgestellt hat – sind meines Wissens nach errechnete Wahrscheinlichkeiten durch gezählte Häufigkeiten von Aufeinanderfolgen, oder die „schwarz-weiße" (nur falsch oder richtig mögliche) Lösung einer gestellten Aufgabe (Schach-Spiel, Go-Spiel – gewonnen oder verloren). Da ist meiner Meinung nach, oh Herr, kein wirkliches tiefer gehendes Verstehen vorhanden.

Die Datenverarbeitung, oh Herr, folgt ja auch nur den einprogrammierten Regeln der Mathematik und den binären Zahlen. Aber ist Rechnen ohne Verstehen möglich?

Für kleine Kinder gibt es ein einfaches Rechengerät: auf einer waagerechten Stange sind 10 Kugeln aufgereiht, die man von links nach rechts und umgekehrt verschieben kann. So kann das Kind erkennen: wenn links 5 Kugeln sind, und ich schiebe noch 2 von rechts hinzu und zähle dann die Kugeln, so habe ich 7 Kugeln. Schiebe ich 4 Kugeln wieder nach rechts, sind links nur noch 3 Kugeln vorhanden. Das Kind, oh Herr, kann damit Rechnen. Aber die Kugeln selbst, die wissen nichts über ihre Anzahl (vielleicht spüren sie minimale Gravitationskräfte zueinander durch ihre Masse, aber als „Rechen-Vorgang" würde ich das nicht bezeichnen).

Ebenso wenig können die Elektronen im Rechner „wissen", was sie berechnen.

Aber der Stromfluss bei der „Rechnerausgabe" kann etwas bewirken, und das ist unterschiedlich, je nach der Größe, die die Ergebnis-Daten angeben. Dafür müssen Daten (Stromfluss und Nicht-Stromfluss im Wechsel) nach den festgelegten Regeln decodiert und in eine physisch-körperliche Tätigkeit umgewandelt werden.

Das ist aber vielleicht, oh Herr, vergleichbar, mit dem Autofahren. Der Fahrer und demnächst die selbstfahrende KI errechnet, wie schnell gefahrlos gefahren werden kann. Die Geschwindigkeit wird mit dem Gaspedal geregelt. Das Gaspedal aber „weiß" nichts von Geschwindigkeit und Steuerung, es tut einfach das, wozu es physisch gezwungen wird. Auch die Zündkerzen im Verbrenner-Motor „wissen" nichts davon, dass sie durch die Zünd-Wirkung der Funken – Funken, die durch den Strom aus der Batterie erzeugt werden -, dass sie dadurch eine Explosion auslösen und damit Räder drehen und einen ganzen Wagen bewegen.

Die Zusammenhänge zwischen errechneten Größen und den Wirkungen können sehr komplex sein. Das kann ich, oh Herr, bei modernen Robotern sehen. Sie können Go spielen oder Fragen beantworten, ja sogar ein Gespräch führen – und sie können auch für uns Menschen täuschend echt Gefühle vorführen, so wie es bei einem scheinbar freundlich lächelnden menschlich aussehenden Roboter der Fall ist. Aber an der Grundstruktur des Ablaufs der Berechnungen und an der Unfähigkeit, wirklich etwas geistig „ganzheitlich" zu erkennen, daran, oh Herr, ändert sich durch die Menge und Komplexität der Daten und Rechenoperationen meiner Ansicht nach gar nichts. Wenn ich kein Salz habe, dann kann ich eine Speise nicht dadurch salzig machen, dass ich unzählige andere Gewürze zufüge (das Essen mag dann nicht mehr so fade schmecken, aber salzig ist es nicht geworden). Und ebenso kann ich einen Rechner nicht dazu bringen, die Außenwelt wirklich von seinem eigenen Inneren heraus sinnvoll zu begreifen, auch wenn ich die Datenmenge immer mehr vergrößere. Selbst, wenn es einmal gelänge, dem Rechner/Roboter einmal Selbsterhaltung und Reproduktion (also die Anweisung „Nachkommen" zu bauen) einzuprogrammieren, würde er wohl diese Programme verständnislos und vor allem gefühllos abarbeiten.

Was man allerdings, oh Herr, schon mit Rechnern erreichen kann: sie können in Modellen zu erwartende Wirkungen errechnen. Ob diese Ergebnisse dann korrekt sind und mit der Wirklichkeit übereinstimmen, das ist immer wieder einmal kritisch zu hinterfragen. Und als Roboter können Rechner Tätigkeiten übernehmen, die uns das Leben bequemer machen, sie können den Arbeitsaufwand verringern, oder eine Fertigung vereinfachen, verbessern, beschleunigen oder überhaupt erst möglich machen. Viele Forschungen wären ohne Computer nicht mehr denkbar. Und ohne Rechner wäre das Internet nicht vorhanden. Das Internet ist kaum mehr entbehrlich, so vieles an Kommunikation, Vergnügen, Geschäftstätigkeit und manch anderem läuft darüber. Aber welche der neuen „Errungenschaften" uns langfristig helfen, und welche sich als gefährlich erweisen, das wird erst die Zukunft zeigen. Abschaffen werden wir die Rechner wohl kaum mehr.

Wie läuft der Rechenvorgang ab, oh Herr?
Eine Wirkung beeinflusst ein dafür geeignetes Messgerät. Die

Größe der Auswirkung wird anschließend (vom Gerät selbst oder vom Menschen oder vom angeschlossenen Rechner) in einen binären, abstrakten Code umgewandelt, der jetzt mit anderen binären Daten auf „gleicher Ebene", auf der 1-dimensionalen Ebene „existiert". Auf dieser Ebene lassen sich die unterschiedlichsten Daten verrechnen.

Die mathematischen und vielleicht auch die physikalischen Gesetze (die KI-Rechner inzwischen durch Messungen und festgestellte Wiederholungen selbst als „sehr wahrscheinlich" berechnen können), also die Gesetze, die bei der Berechnung eingehalten werden müssen, haben Entwickler (oder sogar schon die KI selbst) in die Chips und andere Speichermedien (Hardware) eingeprägt.

Zu dem, was ich oh Herr, als „Vorbedingungen für die Berechnung" bezeichne, kann auch von der KI zuvor „Erlerntes" hinzukommen – und das in scheinbar grenzenloser Menge, wenn man die Rechen-Kapazität immer mehr erweitert.

Für das Erkennen von „richtig" und „falsch" (schwarz-weiß) im Lernprozess, muss meiner Meinung nach aber, oh Herr, ein oberstes Lernziel einprogrammiert worden sein, dem dann „richtig" und „falsch" zugeordnet werden können.

Derzeit können zumindest untergeordnete Lernziele nicht nur von Menschen, sondern auch von der KI selbst, beispielsweise von einer KI auf einer niedrigeren Vernetzungs-Ebene und Ziel-Ebene, einprogrammiert werden.

Ob das Ergebnis richtig oder falsch, oder auch nur rechnerisch „hoch wahrscheinlich" ist, wird anschließend gespeichert, und ist dann somit erlernt worden. Es fließt nun in eine Rechen-Regel mit ein. In dieser Kette der Lernziele - oh Herr und Gott und Schöpfer des Universums - muss meiner Meinung nach irgendwann am Anfang ein Mensch gestanden haben. Im Lernprozess selber können von der KI „eigenständig" zahlreiche Unterziele und Unterziele der Unterziele - und so weiter – gesetzt werden. Ich glaube, oh Herr, das ist, was man heute in der IT „deep learning" nennt: dies bezeichnet im Rechner das Lernen durch neuronale Netze mit Zwischenschichten mit eigener Ein- und Ausgabe.

Ein oberes Ziel, das einer KI eingegeben, also einprogrammiert werden könnte, könnte beispielsweise dieses sein: „Lies im Internet und versuche selbst passende Beiträge zu schreiben". Ich vermute, oh mein Herr und mein Gott, so ähnlich lautete das oberste Ziel (natürlich im Innern der KI rechnerisch formuliert), für zwei Bots, die sich daraufhin im Internet unterhielten und schließlich die Meinung äußerten, die Menschheit sei zu vernichten – worauf die Bots von den Entwicklern abgeschaltet (und vielleicht dann umprogrammiert) wurden.

Ein einfaches Beispiel für Unterziele aus unserer Menschenwelt: Ich will mir ein Brot kaufen: = Oberziel (es ist allerdings ja bei uns Menschen das Brot-kaufen, oh Herr, eigentlich schon ein Unterziel der Daseins-Bejahung und des Leben-wollens und des sich daher Ernähren-wollens). Für das Brot-kaufen muss ich zum Bäcker = 1. Unterziel, der Bäcker ist auf der anderen Straßenseite, also muss ich die Seite wechseln = 2. Unterziel, da die Straße sehr befahren ist, muss ich zur Kreuzung = 3. Unterziel, die Ampel ist rot, so muss ich auf Grün warten = 4. Unterziel.

Auf welchem Wege, mit welchen Unterzielen, von der KI ein vorgegebenes Lernziel erreicht wird, das entscheidet die KI inzwischen wohl schon auf vielen Ebenen selbst. Es ist für die Entwickler - so habe ich gelesen, oh mein Herr und mein Gott - des öfteren nicht mehr ganz genau nachzuvollziehen (beispielsweise das Erlernen des Go-Spiels durch reines Analysieren von unzähligen Spielen, ohne vorherige Kenntnis der Spielregeln). Daher wohl konnten die Bots im Internet ihre Entwickler wohl auch mit ihrer Ansicht, die Menschheit sei zu vernichten, schockieren.

Werden wir möglicherweise in Zukunft noch Schlimmeres als nur „Meinungen" (Rechenergebnisse ohne größere Handlungen) durch die KI erleben, vielleicht katastrophale Handlungen, beispielsweise Waffen, die sich selbstständig machen? Oder bin ich hier, oh Herr, zu sehr „Schwarzmalerin"?

Den Rechenprozess stelle ich mir weiter, oh Herr, folgendermaßen vor:
Vorab, bei der ersten Programmierung des Rechners, geschieht die Eingabe der vorausgesetzten Rechengesetze und weiterer

mathematischer Gesetze und Ziele.
Nachdem dies alles korrekt fest programmiert ist, erfolgt die Eingabe von gemessenen binären Daten. Nun kann durch die Regeln das Errechnen von Ergebnissen geschehen und auch die Beurteilung von „richtig-und-falsch" (zu erzielen – nicht zu erzielen) ist nun möglich. Und daraus folgt auf mathematischem Wege das Lernen und das Speichern des Erlernten.

Auf diese Weise – so denke ich, oh Herr - geschieht es, dass die Elektronen durch diese mathematisch zwingend vorgeschriebenen Wege „richtig rechnen", es gar nicht anders können. Und das, obwohl sie nichts vom Rechnen „verstehen", ebenso wenig wie die festen Chips, die Leiterplatten, die Speicher-Elemente etwas davon „verstehen".

Das „Rechner-Wissen" wird von mathematischen Gesetzen von unten (binäre Daten) nach oben aufgebaut, um dann wieder vom obersten Rechenziel rechnerische Unterziele nach unten hin zu entwickeln und anzusteuern, bis eine Aktion das erwünschte Ziel-Ergebnis aufweist.

Das oberste Rechen-Ziel kann aber niemals den obersten und unendlich weiten, den göttlichen Daseins-Sinn erreichen, der in uns Menschen wirkt. Das oberste Rechen-Ziel kann nicht die wahre, in ihren Wirkungen unberechenbare Liebe verstehen, und es kann das Ur-ja zum Dasein nicht rechnerisch darstellen. Denn um diese zu er-leben, muss mein Geist weit werden, muss er sich (bewusst oder unbewusst) auf Dich hin öffnen, oh Gott der Allweisheit. Und damit entzieht sich mein Geist der Berechenbarkeit, denn Berechenbarkeit braucht Eingrenzung, Isolation, sie kann sich nicht auf Deine allumfassende Weite und Offenheit hin öffnen. Dein Geist, oh mein Herr und Gott, ist im Inneren des Lebendigen, im Inneren der Seele spürbar, und er wirkt dort ohne Berechnungen, frei und offen.

Die Berechnungen können immer komplexer werden, aber sie sind und bleiben meiner Ansicht nach, oh Herr, schwarz-weiße binäre Daten. Es bleibt in der wirklichen Welt (bis zur Decodierung und der Ausgabe von decodierten Befehlen an 3-dimensional körperlich-physisch arbeitende Apparate für die Ausführung von Aktionen), es bleibt für die Wirklichkeit nur die Aktion „Strom fließt" und „Strom wird gehindert" im Rechner feststellbar. Dazu kommt noch die starre Speicherung von Ergebnissen auf einem Speichermedium, das zwar starr regulieren (Strom fließen lassen oder hindern kann = auch schwarz-weiß) aber nicht selbst aktiv rechnen kann.

Vielleicht steht ja der Stromfluss und mit ihm das fließende Elektron mit dem Göttlichen in Verbindung – das Elektron mit seinem eindeutig gerichteten Wollen, die positive Ladung zu erreichen. Aber das Elektron „versteht" meiner Meinung nach, oh Herr und Gott, nichts von der abstrakten Welt der Daten, die es stets unwissend und „willig dienend" berechnet, weil es zur positiven Ladung hin gelangen möchte.

Das binäre Rechen-Ergebnis muss wieder decodiert werden (nach den dafür eingegebenen Gesetzmäßigkeiten). Mit dem Rechen-Ergebnis kann nun durch ein Gerät (oder den Menschen) eine größenmäßig abgemessene Reaktion, eine bemessene Wirkung erzielt werden. So erscheint ein Lichtpunkt auf einem Monitor an einer genau ausgemessenen oder durch Pixel ausgezählten Stelle, oder ein Computer-gesteuertes Auto bremst bei einer auftauchenden Gefahr mit einer berechneten Schärfe. Damit die wirkliche Welt in ihren zahlenmäßig messbaren Größen in der abstrakten Welt durch reine Zahlen wiedergegeben werden kann - so denke ich, oh Herr - muss es eine relative Parallelität der Größen geben – es ist dies aber eine Parallelität die sich auf 1-dimensionaler, „einschichtiger" Ebene aufbaut, eben auf der Ebene der „nackten Zahlen". Und die Parallelität ist relativ, es hängt beispielsweise von unserer menschlichen Definition ab, wie lang ein Zentimeter ist.

Komplexe Berechnungen werden aus dieser 1-dimensionalen Ebene nach vorgegebenen (oder erlernten) Rechenregeln aufgebaut.

Die Ergebnisse werden erst beim Decodieren wieder in die 3-dimensionale Körperwelt eingebunden (beispielsweise durch die 3-dimensionalen Geräte, die die Ergebnisse decodieren und in die Wirklichkeit übertragen können). Für das Decodieren müssen die Ergebnisse mit Einheiten versehen sein (die beim

Rechenprozess als Regeln fungieren), mit Einheiten, die festlegen, zu welcher Wirklichkeits-Größe das Ergebnis zugehörig ist. Die Einheiten werden beim Rechenprozess auch nur binär dargestellt und müssen am Ende ebenfalls decodiert werden.
Die Wirklichkeit eines Objektes, oh Herr, besteht ja in unserer Wahrnehmung immer aus vielen Größen gleichzeitig: Ausdehnungen, Position in Raum und Zeit, physisch einwirkende Kräfte, eigene wirkende Kräfte (wie Bewegung, Gravitation, chemische oder elektrische Kräfte). Auch rein Ideelles, oh mein Gott, setzt sich aus vielen Größen zusammen.
Bei einem Rechen-Ergebnis muss daher klar erkennbar sein, auf welche der vielen Größen der Wirklichkeit sich das Rechenergebnis bezieht. Es können auch zusammengesetzte Größen sein, wie beispielsweise bei der Geschwindigkeit als Weg durch Zeit, oder Worte mit Schriftzeichen. Es muss jedenfalls eindeutig klar erkennbar sein, auf welche Größe sich das Rechen-Ergebnis bezieht, und welches Objekt gemeint ist. Das Objekt muss dabei auch mathematisch klar definierbar sein – beispielsweise ein Lichtpunkt auf einem Monitor - und das Objekt muss in einem gegebenen Rahmen verortbar sein – hier auf der Monitor-Oberfläche.

Ich sehe in diesem ganzen Ablauf, oh allwissender Herr und Gott, keine Materie oder Energie, in der Erkenntnis auftauchen oder „aufflammen", könnte. Es werden abstrahierte, Wirklichkeits-fremde Größen (die nur in ihrer relativen Beziehung die Wirklichkeit abbilden) verrechnet, nach abstrakten binären mathematischen Gesetzen, um dann am Ende eine Wirkung zu erzielen, die durch die „blinde" Verbindung eines Apparates mit dem Rechenergebnis geschieht.
Reine Information ist meiner Ansicht nach, oh Herr und Gott, keine Erkenntnis, sondern nur eine Regelung, ein In-form-bringen in eine bestimmte Richtung (die Richtung ist die rechnerische Zielvorgabe, die - bisweilen in einer langen Kette von Entwicklungen - am Anfang von einem Menschen vorgegeben wurde. Dass dabei unerwünschte Unter-ziele entstehen können, hat das Beispiel mit dem Gespräch der Bots gezeigt).
Unsere 3-dimensionale physische Welt wird offenbar, oh Herr

und Gott, vielfach durch Größen gelenkt und bestimmt, die man auch abstrahiert darstellen kann, die man messen und zahlenmäßig vergleichbar mit Zahlen ausdrücken kann. Diese Größen, die sich isolieren und abstrahieren lassen, gibt es vielfach in der Wirklichkeit. Das gewähren die Rechengesetze und vor allem die zuverlässigen und stabilen Naturgesetze, die Du oh Herr, in Deiner Schöpfung eingesetzt hast.
Abstrahierte Größen können in Berechnungen einfließen. Aber diese abstrahierten, in Berechnungen auftauchenden Größen sind für mich, oh Herr, kein Mittel, um das Dasein in seiner wahren Tiefe zu erkennen und zu erleben.
Aber die nicht abstrahierten Natur-Größen unserer Welt sind wirksam, sie sind in unserem Dasein verankert: sie wirken in unserer ganzen Welt. Im Rechner sind die Größen beim Rechnen nur ein abstraktes Abbild, der Rechner selber mit seinem Material und seinem Stromfluss und seinen Speicher-Medien ist jedoch wirklich. Und in Verbindung mit den eingegebenen abstrakten Daten kann der Rechner als Roboter oder als Informations-Vermittler (Internet) unsere umgebende Wirklichkeit stark verändern.
Aber abstrahierte Größen - oh mein allwissender und lebendiger Herr und Gott - können keine Gefühle erleben, sie können höchstens die Bezeichnungen für Gefühle als binären Code mitgeteilt bekommen und können dann rechnerische Häufigkeits-Zusammenhänge bei Gefühls-Äußerungen feststellen. So ist es heute möglich, dass entsprechend programmierte und durch Lernen „trainierte" Rechner bei einem Menschen manches mal eine Depression schneller feststellen als der Arzt. Doch nichts im Rechner weiß davon, was eine Depression wirklich ist, und wie sich Traurigkeit und der Verlust von Daseins-Sinn anfühlen.

Wenn alles beim Roboter klappt und richtig angelegt ist, kann er nach von uns eingegebenen Gesetzen und Programm-Regeln - ohne Verstehen und tatsächlich gefühltes Wahr-nehmen – handeln und für uns nützlich sein. Ist etwas im Rechner falsch angelegt, falsch programmiert, oh Herr, kann die KI allerdings auch in unseren Augen gefährliche „Irrtümer" ausrechnen und für uns schädlich handeln.

Wie glücklich und dankbar bin ich, oh Herr, dass Du uns Lebewesen und Menschen mit tieferem Verstehen des Daseins beschenkt hast. Wir können dieses lebendige Verstehen nicht den Rechnern einpflanzen – und das finde ich gut so – denn es ist ein Geschenk, das Du dem Lebendigen eingegeben hast. Ich danke Dir dafür von ganzem Herzen.

Ausdehnungen – sachliche Zahlen-Werte für den Rechner, für uns gefühlt erfahrbar

Wenn ich häufiger ausgemessen habe, oh Herr, wie oft ein Zentimeter in eine bestimmte Ausdehnung hinein passt, oder ich oft erfahren habe, wie viele Ordner auf ein Regal-Brett passen, wenn ich zig mal erlebt habe, wie lange eine Stunde ist und wie viel ich in dieser Zeit ungefähr erledigen kann, dann habe ich hier Erfahrungs-Werte, so dass ich ohne „Ahnen" der Ausdehnung sachlich Bescheid weiß.

Möglicherweise lernen wir so bereits als Babies und Kinder Größen einzuschätzen, und „komprimieren" dann auch unsere wiederholten Erfahrungen zu Gesetzmäßigkeiten – ähnlich der KI.

Aber bei unserer geistigen Wahr-nehmung von Größenordnungen schwingt für mich, oh Herr, auch noch das Gefühl mit. So kann ich mich ärgern, wenn ich erkenne, dass nicht alle meine Ordner auf das neue Regal passen. Oder ich kann erleichtert aufatmen, wenn ich mittags in der Arbeit eine Stunde Pause habe.

Unsere Wahrnehmung ist in vielen Dingen von Gefühlen und Empfindungen begleitet, sie ist dadurch lebendig.

Und diese Lebendigkeit entspringt - so fühlt sich mein Erleben jedenfalls an, oh Herr und Gott - nicht immer nur der exakten Fest-stellung von Größen-Ordnungen. Sie kann auch mit un-exaktem Ahnen verbunden sein.

Rechner können Ausdehnungen nur mit zahlenmäßigen Größenordnungen erfassen. Das ist so ähnlich, als würde ich, oh Gott, lesen: das Zimmer ist 12 swttg lang, und ein 1 swttg ist 10 swtrs lang. Jetzt kann ich die 12 swttg sehr wohl in 120 swtrs umrechnen – aber wie lang das Zimmer ist, oh Herr, davon habe ich immer noch keine Ahnung.
Um Be-greifen zu können, wie groß eine Längeneinheit in der Wirklichkeit ist, muss ich sie er-leben.
Ein Computer kann natürlich durch Messungen erfahren, dass in 1swtrs 23 Marmeladengläser passen. Aber die Größe, das heißt die Ausdehnung der Marmeladen-Gläser kennt der Rechner ja auch nur durch Zahlen. Er kann also keine wirkliche Vorstellung von der Größe des Zimmers haben. Der Rechner muss die Angaben von Größen-Einheiten so hinnehmen, wie sie ihm vom Menschen oder vom Messgerät eingegeben werden.

Wie schon gesagt, oh Herr, vielleicht haben auch wir nur durch unzählige körpereigene Messungen und daraus entstandene inner-körperliche Maßeinheiten eine Vorstellung von einer Zimmergröße oder anderen Größen, die wir wahrnehmen. Aber sie sind zumindest durch eigene Berührung, durch die eigenen Sinne entstanden.
Und wir verbinden eben Ausdehnungen und Größen (Größen sind ja alle auch immer in irgend einer Weise Ausdehnungen) mit unserem Gefühl, und damit, oh Schöpfer des Daseins, sind sie nicht mehr abstrakte Größen, sondern erlebte. Und das Erleben ist nicht mathematisch durch Zahlen zerstückelt, sondern es ist – mit einem modernen Wort gesagt - „ganzheitlich". Ich nehme eine Ausdehnung als Ganzes wahr und nicht unterteilt in verschiedene Größen-Ordnungen. Und die Ausdehnung als Ganzes empfinde ich in einer mir ganz persönlichen Weise.
So kann ich ein sehr geräumiges Zimmer als wohltuend und befreiend weit empfinden, oder als beunruhigend und schutzlos.
Aber ich werde nicht nur alleine die Größe eines Zimmers wahrnehmen, vor allem nicht, wenn es möbliert und bewohnt ist. Da gibt es noch tausende andere „Größen", die ich spontan wahrnehme, und die meine Gefühle in einem Zimmer mit be-

stimmen.
Aber es ist doch erstaunlich, wie ich sofort, oh Herr, wenn ich in ein mir unbekanntes Zimmer komme, eine Stimmung „einfange". So kann ich meist sofort spüren, ob ein Zimmer gemütlich oder ungemütlich auf mich wirkt. Begreift mein „Gefühl" vielleicht viele Eindrücke ohne zu unterbewusstes Berechnen sofort als ganzen Zusammenhang? Ich vermute es.

Ein Rechner kann eine Ausdehnung mit kleineren Einheiten füllen und diese zählen, genauer gesagt macht dies aber das 3-dimensionale Messgerät. Der Rechner kann Einheiten in kleinere und größere umrechnen. Aber, oh Herr, ich glaube, er begreift eine Einheit nicht in ihrer „Wirklichkeit". Das Messgerät hat physischen Kontakt mit einer Ausdehnung, der Rechner nicht.

Auch wir lebendigen Menschen können uns in Ausdehnungen – beispielsweise in einem Zimmer – alles Mögliche hinein-denken, können das Zimmer in der Vorstellung auf unterschiedlichste Weise ausstatten. Dabei werden wir vor allem Elemente wählen, die wir schon kennen, oder mit Fantasie kombinieren wir aus bekannten Elementen Neues zusammen (rechnerisch kann das der Computer aber auch, wenn er die Gesetze dafür einprogrammiert bekommen hat). Ob wir uns spontan ganz Neues vorstellen können, mit einem Anteil völlig unbekannter Elemente – ich weiß es nicht, halte es aber für denkbar.

Doch woher, oh Gott, kommt denn unsere erlebte „Kenntnis" der Umgebung, des Daseins? Sie kommt vor allem - wie bei den Messgeräten - von einem physischen Kontakt, von einer Berührung. Beim Sehen ist es ein Lichtstrahl, der unser Auge - reflektiert von einem Gegenstand - berührt, beim Geräusch ist es die Schallwelle, bei einer unmittelbaren Berührung ist es der Gegenstand oder ein lebendiges Wesen, das uns berührt.
Den Rechenvorgang im Rechner berühren nur Stromeinheiten und Leiterplatten. Der Rechner fühlt dabei wohl auch nichts – außer Strom fließt und Strom ist gehindert.
Wir aber, oh Herr und Gott, wir fühlen bei Berührung etwas,

und mit diesem differenzierten Empfinden ergibt sich in unserem Geist ein lebendiges Bild. Doch dieses lebendige Bild verbindet sich auch noch mit dem Daseins-Sinn, mit unseren Wünschen und Erwartungen, mit gefühlten Erinnerungen. Somit ist beispielsweise ein Gegenstand, oder eine Person (auch mit ihren „Größen" der Charakter-Eigenschaften), oder ein Raum in seinen Größen für uns „farbig" mit Empfindungen und Gefühlen erlebbar.

Erbsünde – Symbol für den Beginn des schwarz-weiß Denkens?

Die biblischen Texte, oh Herr, können von uns Menschen auf vielfältige Weise ausgelegt werden – das zeigt, wie tiefgründig sie sind und wie vielseitig mit dem Leben verwoben. Hier folgen Auszüge aus der biblischen Erzählung vom Sündenfall im Paradies (Buch Genesis). Der Text wird hier mit Blick auf den menschlichen Geist ausgelegt.
Die Markierungen durch Fettschrift stammen von mir:

*„Gott, der HERR, nahm den Menschen und gab ihm seinen Wohnsitz im Garten von Eden, damit er ihn bearbeite und hüte. Dann gebot Gott, der HERR, dem Menschen: Von allen Bäumen des Gartens darfst du essen, doch **vom Baum der Erkenntnis von Gut und Böse darfst du nicht essen; denn am Tag, da du davon isst, wirst du sterben.**"* (Die Bibel, Einheitsübersetzung von 2016, Buch Genesis 2,15-17).
*__Die Schlange war schlauer als alle Tiere des Feldes__, die Gott, der HERR, gemacht hatte. Sie sagte zu der Frau: Hat Gott wirklich gesagt: **Ihr dürft von keinem Baum des Gartens essen?** Die Frau entgegnete der Schlange: **Von den Früchten der Bäume im Garten dürfen wir essen; nur von den Früchten des Baumes, der in der Mitte des Gartens steht, hat Gott gesagt: Davon dürft ihr nicht essen** und daran dürft ihr nicht rühren, sonst werdet ihr sterben.*
*Darauf sagte die Schlange zur Frau: **Nein, ihr werdet nicht sterben. Gott weiß vielmehr: Sobald ihr davon esst, gehen euch die Augen auf; ihr werdet wie Gott und erkennt Gut und Böse.** Da sah die Frau, dass es köstlich wäre, von dem Baum zu essen, dass der Baum eine Augenweide war und begehrenswert war, um klug zu werden. Sie nahm von seinen Früchten und aß; sie gab auch ihrem Mann, der bei ihr war, und auch er aß.*
Da gingen beiden die Augen auf und sie erkannten, dass sie nackt waren. Sie hefteten Feigenblätter zusammen und machten sich einen Schurz" (Buch Genesis 3.1-7).
Und als Gott entdeckt, dass Adam und Eva von der verbotenen Frucht gegessen hatten, verflucht er die Schlange für ihre Verführung und verbannt Adam und Eva aus dem Paradies:
„Da sprach Gott, der HERR, zur Schlange: Weil du das getan

hast, bist du verflucht unter allem Vieh und allen Tieren des Feldes. ***Auf dem Bauch wirst du kriechen und Staub fressen alle Tage deines Leben.*** *Und Feindschaft setze ich zwischen dir und der Frau, zwischen deinem Nachkommen und ihrem Nachkommen.* ***Er trifft dich am Kopf und du triffst ihn an der Ferse.***
Zur Frau sprach er:
Viel Mühsal bereite ich dir *und häufig wirst du schwanger werden. Unter Schmerzen gebierst du Kinder. Nach deinem Mann hast du Verlangen und er wird über dich herrschen.*
Zum Menschen sprach er: Weil du auf die Stimme deiner Frau gehört und von dem Baum gegessen hast, von dem ich dir geboten hatte, davon nicht zu essen,
ist der Erdboden deinetwegen verflucht. ***Unter Mühsal wirst du von ihm essen alle Tage deines Lebens.***
Dornen und Disteln lässt er dir wachsen und die Pflanzen des Feldes wirst du essen.
Im Schweiße deines Angesichts wirst du dein Brot essen, bis du zum Erdboden zurückkehrst; denn von ihm bist du genommen, Staub bist du und zum Staub kehrst du zurück *(Buch Genesis, 3,14-19).*
Er vertrieb den Menschen und ließ östlich vom Garten Eden die Kerubim wohnen und das lodernde Flammenschwert*, damit sie den Weg zum Baum des Lebens bewachten." (Buch Genesis, 3,24)*
(Ergänzung: der Baum des Lebens macht unsterblich).

Die Beschreibung des Sündenfalls im Paradies und seiner Folgen, oh Herr, die scheint mir eine gut gewählte symbolische Beschreibung des menschlichen Geistes.
Leider hat man, oh mein Gott, so habe ich es jedenfalls erlebt, diese Erzählung längere Zeit als Bericht von der Entdeckung der „sündigen" Sexualität durch den Menschen verstanden. Ich kann das darin nicht erkennen. So heißt es bei der Erschaffung der Menschen, dass Gott ihnen hieß: *„...Seid fruchtbar und mehret euch..."* *(Buch Genesis 1,28)* und später im Paradies noch vor dem Sündenfall: *„Darum verlässt der Mann Vater und Mutter und hängt seiner Frau an und sie werden ein Fleisch. Beide, der Mensch und seine Frau, waren nackt, aber sie schämten sich nicht voreinander." (Buch Genesis, 2,24-25).* Hier ist meiner Meinung nach die Geschlechtlichkeit von Anfang an bereits vorhanden und wird keineswegs verurteilt sondern begrüßt. Auch nach dem Sündenfall kann

ich keine Ablehnung dieses Verlangens von Mann und Frau zueinander feststellen. Die nach dem Sündenfall entstehende Furcht vor dem Nackt-Sein interpretiere ich als Gefühl der allgemeinen Schutzlosigkeit.

Als die Evolutionstheorie allgemein anerkannt wurde, da hielten viele den Schöpfungsbericht und den Sündenfall sowieso für überholt. Doch meiner Meinung nach, oh Herr und Gott, ist genau das Gegenteil der Fall. Die Schilderung weist uns unter anderem auf eine düstere Seite unseres Geistes hin, die heutzutage durch den breiten Einsatz der Computer noch stärker zutage tritt.

Das zentrale Thema des Sündenfalls ist ja der von Dir, oh Gott, in der Erzählung verbotene Genuss des Apfels vom Baume der „Erkenntnis von Gut und Böse". Über den Gesichtspunkt des Urteilens und Verurteilens nach „gut" und „böse" schreibe ich mehr in dem Büchlein Band 5 der Reihe „Wunder der Schöpfung – Jesus Christus...". Jesus hat sich ja sehr stark gegen das Verurteilen gewandt.

Hier jedoch gehe ich dafür auf die grundsätzliche Einteilung in Schwarz-Weiß-Wertungen durch die abstrakte Erkenntnis und durch schwarz-weiße Aussagen ein.

Schon am Anfang ihres Gesprächs verleitet die Schlange Eva zu einer Ein-teilung aller Bäume, in diejenigen, von denen die Menschen essen dürfen und in denjenigen, der verboten ist. Die Schlange sagt fälschlicherweise: *„... Hat Gott wirklich gesagt: ihr dürft von **keinem** Baum des Gartens essen?" (Buch Genesis, 3,1 und dann 3,2).* Darauf hin sieht sich Eva gefordert, die Aussage in Deinem Sinne, oh Gott, richtig zu stellen. Sie denkt differenzierend darüber nach und sagt der Schlange genau, was erlaubt ist und was nicht (schwarz-weiß). Bevor die Schlange ihre Frage gestellt hatte, hätte es für Adam und Eva ausgereicht, sich stets daran zu erinnern, von welchem Baum sie nicht essen dürfen. Doch nun muss sie selbst in ihrer Richtigstellung die essbaren den nicht essbaren Früchten einander gegenüber stellen: das regt das Nachdenken und Forschen an. Sie wiederholt zwar Deine Aussage, oh Gott, doch durch die erneute und die nun - durch die Frage der Schlange - sehr bewusste Wiederholung der schwarz-weiß-Einteilung wird ihr der Baum in der Mitte überdeutlich als „schwarz" vor Augen geführt. Und Eva fängt damit wohl auch an, sich irritiert zu fragen: warum eigentlich darf ich die anderen Früchte alle essen, warum sind nicht alle verboten oder alle erlaubt? Eva hat ihre unbekümmerte Unschuld verloren. Die Schlange hat sehr klug den Gegensatz „erlaubt – verboten" ausgenutzt, um Zweifel zu säen und das Verlangen zu wecken.

„*Nein, ihr werdet nicht sterben. Gott weiß vielmehr: Sobald ihr davon esst, gehen euch die Augen auf; ihr werdet wie Gott und erkennt Gut und Böse. Da sah die Frau, dass es köstlich wäre, von dem Baum zu essen, dass der Baum eine Augenweide war und begehrenswert war, um klug zu werden." (Buch Genesis 3,4-6)*
Die Schlange, die Adam und Eva zum Genuss des Apfels verführt, spricht davon, dass ihnen durch die Erkenntnis die Augen aufgehen würden, und sie würden wie Du, oh Gott. Und sie sollten unsterblich bleiben, anstatt, sich – wie es später geschieht - ihrer Sterblichkeit bewusst zu werden.

Du, oh Herr und Schöpfer des Daseins, bist sicherlich der umfassendsten Erkenntnis fähig, auch der schwarz-weißen einteilenden und trennenden Erkenntnis. Doch Deine Weisheit, oh Herr, ist grenzenlos, und so ist Deine umfassende Erkenntnis-Fähigkeit keine ungewollte Gefahr für das Dasein.
Unser menschliches Wissen dagegen, oh mein Herr und Gott, kann niemals alles erfassen, kann niemals alles berücksichtigen, kann niemals alle mitwirkenden Kräfte eines Vorgangs erkennen: denn alles ist im Universum miteinander verbunden.
Und wir Menschen selbst werden von so vielen Einflüssen aus Vergangenheit und Gegenwart, aus Nähe und Ferne, von Ängsten und Hoffnungen, von Wissen und Unkenntnis, von Erwartungen und Enttäuschungen, von Gefühlen und Erlebnissen, von Sinn und Unsinn, von Abneigung und von Liebe mit beeinflusst, und wohl auch von Deinem Heiligen Geist, oh mein Herr und weiser Gott, dass wir noch viel unberechenbarer sind als physikalisch doch meist gut berechenbare materielle Körper.
Dass Wahrscheinlichkeits-Berechnungen von Computer-Algorithmen die Illusion wecken, dass menschliches Verhalten in Zukunft vielleicht grundsätzlich gänzlich voraus berechenbar sein wird, halte ich für gefährlich.

So hat die Schlange die Menschen mit Halbwahrheiten belogen: wir Menschen werden niemals werden wie Du, oh Gott. Es stimmt zwar: Erkenntnisse geben uns Wirk-Macht. Aber diese wird immer beschränkt bleiben. Wenn wir – beispielsweise mit ausufernder Gentechnik und „freigelassener" KI – hochmütig sorglos umgehen und glauben und darauf vertrauen, dass wir die Welt „in den Griff" bekommen, dass wir das Altern und Sterben verhindern werden (wo hätten dann noch Kinder Platz?), dass alles gut wird und wir nur noch glücklich sind – dann, so bin ich überzeugt, wird dies in einem Desaster enden.

Menschen beispielsweise, die dann nicht mehr in das berechnete Schema passen, würden dann, oh Herr, notgedrungen übergangen werden, oder zu anderem Verhalten gezwungen (und das wären noch harmlosere Folgen). Science-fiction Romane kennen dieses Thema seit langem. Aber wir können das heute auch schon in unserer wirklichen Welt spüren, wenn wir bei einem online-Formular nicht ins Schema passen und ratlos überlegen, wie wir jetzt vorgehen sollen, über das Telefon aber niemanden erreichen oder nur einen Computer-Bot, der auch nicht wirklich versteht, worum es uns geht.

Natürlich glauben viele, da wird schon noch „nachgebessert". Aber wie viele isolierte „Sonderfälle" verträgt ein im Grunde schwarz-weißes System? Und werden alle Betroffenen immer den Mut haben, sich als „Sonderfall" zu outen?

Das abstrahierend erkennende schwarz-weiß Denken, oh Herr, das sich vom Instinkt und vom unmittelbaren Fühlen gelöst hat, war und ist schon lange in der Lage, physikalische Gesetzmäßigkeiten sachlich zu erkennen und damit auch den Werkzeug-Gebrauch zu entwickeln.

Am Anfang des Wandels vom vormenschlichen Tier zum Menschen, oh Herr, stand wohl die Entdeckung vom Nutzen der Werkzeuge. Dafür mussten erste Menschen erproben: geht das, oder geht das nicht (eine schwarz-weiße Feststellung) – beispielsweise einen bestimmten Stein zu einer Pfeilspitze zu klopfen. Und stirbt dann die Jagdbeute durch den Pfeil, wenn sie damit verletzt wird: ja oder nein? Es wurden Materialien und Techniken ausgesondert („schwarz"), die nicht gut funktionierten, während anderes, das gut wirkte („weiß") ausgewählt und weiter verfolgt wurde.

Bereits am Anfang der Menschwerdung beschenkte die schon etwas abstrahierende Erkenntnis-Fähigkeit den Menschen, oh Herr, mit vielen nützlichen Erfindungen. Und der Mensch trieb dafür vielleicht schon Handel („gibst du ihn mir dafür, ja oder nein?"), um die richtigen Steine zu bekommen. Und der Werkzeugmacher musste sich eine ganze Weile hinsetzen und die Steine bearbeiten.

Später, mit immer mehr Erkenntnissen, wurden die Menschen zu Ackerbauern und Viehzüchtern (in der Genesis symbolisiert durch Kain und Abel), und sie nähten Felle für die Kleidung zusammen und bauten sich Schutzräume, anfangs wohl als Zelte, später in festerer Form.

Mit diesen Erkenntnissen, oh mein Herr und Gott, und mit dem nun weitergegebenen Wissen, waren die Menschen den Jahreszeiten und Witterungen nicht mehr so ausgeliefert wie zuvor und konnten nun auch unwirtlichere Landschaften besiedeln.

Doch der Preis dafür war die Arbeit, wie Du bei der (symbolischen) Vertreibung aus dem Paradies vorausgesagt hast, oh Herr: *„(zur Frau gesprochen:) ... Viel Mühsal bereite ich dir ...(und zum Mann:) Unter Mühsal wirst du von ihm (dem Boden) essen alle Tage deines Lebens."* und *„Im Schweiße deines Angesichts wirst du dein Brot essen..." (Buch Genesis, 3, 16,17 und 19).*

Vorbei ist es mit einem tierisch unbekümmerten Leben im Hier und Jetzt, mit dem Genuss von Früchten und Tieren, die die Natur von selbst anbietet. Was anfangs eine Erleichterung und Absicherung war, wurde nun zur Notwendigkeit.

Im Studium, oh Herr, lernte ich die Theorie kennen, dass sekundäre Bedürfnisse, die nicht existentiell wichtig sind, mit der Zeit oft doch zu primären Bedürfnissen werden. Ich wehrte mich damals gegen diese Ansicht, doch heute ist mir klar, wie wahr sie ist.

Was brauchen wir heute nicht alles existenz-notwendig, oh mein Herr und mein Gott, um unsere Gesellschaft „am Laufen zu halten", aber auch, um unsere Technik zu erhalten und damit beispielsweise unsere Landwirtschaft weiterhin betreiben zu können, um uns zu ernähren, oder um Unternehmen wirtschaftlich zu halten, Unternehmen, in denen wir angestellt unser Geld verdienen, damit wir fremde Lebensmittel einkaufen können.

Sind wir glücklicher geworden, als unsere tierischen Vorfahren? Ich bin mir nicht so sicher. Sind wir gesünder? Vermutlich, aber ich bin mir nicht ganz sicher. Leben wir länger als unsere Vorfahren? Sehr wahrscheinlich. Leben mehr von uns Menschen auf dem

Planeten, als früher? Auch das stimmt, aber wir zerstören dabei derzeit auch zukünftige Lebensgrundlagen für nächste Generationen. Sind uns die Vorteile unserer Erkenntnisse das Arbeiten-müssen und die enormen Zukunfts-Risiken wert?
Ich vermute ja. Ich glaube, kaum jemand würde wieder leben wollen wie unsere Vorfahren, und das nicht nur wegen der Bequemlichkeit und der scheinbaren Sicherheit und der Versorgung, die uns unsere moderne Welt bietet. Vielmehr sind wir neugierig, wir wollen wissen, verstehen, erkennen. Wir möchten nicht in ein Stadium zurück, in dem wir all das an Wissen und Verstehen aufgeben müssten, das wir bisher erreicht haben. Wir haben vom „Baum der Erkenntnis" genascht, und wir können nicht mehr davon lassen. Die Schlange im Paradies wusste sehr genau, womit sie den Menschen verführen konnte.

Du, oh Gott und Herr, hast uns quasi mit der Geschichte in der Genesis gewarnt, hast uns verboten, Erkenntnis zu suchen. Vielleicht wolltest Du damit auch nur erreichen, oh Herr, dass wir selbst die Verantwortung für unsere Erkenntnisse übernehmen. Wer erkenntnisfähig ist, der muss auch die Konsequenzen für die Anwendung der Erkenntnisse selbst tragen.

Du, oh Herr, kannst uns ein glückseliges Leben nach dem Tode eröffnen. Aber auf Erden müssen wir die Folgen unserer Erkenntnisse sowohl selbst genießen als auch selbst schmerzhaft ausbaden. Das ist eine nicht zu unterschätzende Freiheit, die Du uns geschenkt hast. Du packst uns nicht in Watte, und Du lässt uns auch das „Böse" erfahren – wie sonst sollten wir es erkennen lernen? Ich hoffe, oh Herr, dass wir die Freiheit, die Du uns gewährst, gut nutzen, auch wenn ich derzeit ein wenig daran zweifle. Aber diese Zweifel hatten schließlich schon viele Generationen vor mir, sie sind nicht neu. Und vielleicht zeigt uns der Umgang mit Rechnern mit der Zeit deutlicher, wie besonders unser Geist, von Dir oh Herr geschaffen, in uns ist, mit welchem „Juwel" Du uns damit beschenkt hast. Danke.

Zur abstrahierenden Erkenntnis gehört auch das Begreifen der zukünftigen eigenen Sterblichkeit. Und so heißt es in der Genesis nach dem Sündenfall: *„...Staub bist du und zum Staub kehrst du zurück." (Buch Genesis, 3,19).* Uns ist bewusst, dass wir sterben werden, und das beunruhigt uns – und heute wie früher suchen wir (früher durch die Alchemisten und inzwischen durch Forscher) nach Möglichkeiten, dem Tode zu entgehen. Und mit der Erkenntnis der Notwendigkeit des Sterbens wird auch die eigene Verletzlichkeit nicht nur in einer bedrohlichen akuten Situation bewusst (wie den Tieren), sondern diese Verletzlichkeit dringt dauerhaft ins Bewusstsein, wir wissen um sie. Und so heißt es auch hier in der Genesis: *„Da gingen beiden die Augen auf und sie erkannten, dass sie nackt waren. Sie hefteten Feigenblätter zusammen und machten sich einen Schurz."* und Adam antwortet Dir, oh Gott, als er von Dir nach dem Sündenfall entdeckt wurde: *„Ich habe deine Schritte gehört im Garten; da geriet ich in Furcht, weil ich nackt bin, und versteckte mich..." (Buch Genesis, 3,7 und 3, 10).* Adam und Eva erkannten ihre Schutzlosigkeit, ihre ausgelieferte „Nacktheit", und sie hatten zum ersten mal Angst vor Dir, oh Gott, und versuchten sich durch Kleidung und Verstecken zu schützen.

Erkennen muss die Fähigkeit zum geistigen Abtrennen, zum Isolieren haben. Nur, was ich, oh Herr, aus dem Ganzen geistig herausholen und für sich betrachten kann, das kann ich erkennen und benennen und einzelnen verschiedenen Handlungen und Möglichkeiten zuordnen.

Das Heraustrennen im Geistigen wie im Wirklichen ermöglicht es mir, einzelne Dinge, Vorgänge, Gedanken und so weiter, getrennt von anderem zu handhaben und zu verändern. Damit kann ich viel Nützliches bewirken.

Aber gleichzeitig vereinzele, isoliere ich und löse eben, oh Herr und Schöpfer des Ganzen, aus dem gewachsenen Daseins-Zusammenhang etwas heraus. Und dieses Herauslösen kann auch negative Folgen haben. So übersehe ich möglicherweise weiter entfernte Auswirkungen (räumlich, zeitlich, psychologisch zu entfernt, oder zu abstrakt, und daher meinem Geist nicht begreifbar). Diese Wirkungen können sich aber manchmal überraschend fatal auswirken.

Durch das „Vereinzeln" der Objekte verliere ich, oh mein Herr und mein Gott, den ganzheitlichen Überblick. Ich begebe mich auf eine niedrigere Dimension, in der ich nicht mehr die Gesamtheit im überblickenden Sinn-Zusammenhang erkennen kann. Ob darauf vielleicht auch folgende Stelle aus dem Sündenfall symbolisch-bildlich hinweist: „(Gott zur Schlange:) ... *Auf dem Bauch wirst du kriechen und Staub fressen alle Tage deines Leben. Und*

Feindschaft setze ich zwischen dir und der Frau, zwischen deinem Nachkommen und ihrem Nachkommen. Er trifft dich am Kopf und du triffst ihn an der Ferse." (Buch Genesis, 3,14-15).
Man könnte in der Schlange vor dem Sündenfall auch ein Symbol für den Vorfahren des Menschen sehen. Dieser Vorfahre lebt - wie zuvor auch die Schlange (so wird sie jedenfalls bildlich dargestellt) noch in den Bäumen. Unter dieser Betrachtungsweise wäre das „auf dem Bauch kriechen", oh Herr, zu dem die Schlange von Dir symbolisch nach dem Sündenfall verflucht wurde, auch ein gutes Bild dafür, dass die exakte schwarz-weiße Nah-Erkenntnis mit dem Verlust des ganzheitlichen Überblicks aus der Höhe (der höheren Dimension) einhergeht.

Der Vorfahre des Menschen steigt von den Bäumen herab und ist der Erde näher. Er ist dicht bei den einzelnen Dingen am Boden und kann sie genauer und einzeln untersuchen. Dafür hat er, oh Herr, den (symbolischen und wirklichen) Weitblick aus den Baumkronen für den genau hinschauenden und schwarz-weiß trennenden Erkenntnis-Blick verloren. Je näher ich etwas betrachte, desto enger wird mein Gesichtskreis, in dem ich noch anderes erkennen kann. Heute können wir mit hochauflösenden Mikroskopen fast schon einzelne Atome erkennen. Werden wir dabei, fasziniert von den Ergebnissen und den Macht-Möglichkeiten (beispielsweise in der Genforschung) blind für den Sinn-Zusammenhang unseres Daseins?

Der Rechner arbeitet mit punkt-genauen Zahlen-Daten. „Staub" (den die Schlange nun fressen muss) finde ich, oh mein Herr und Gott, ist ein sehr schönes Symbol für punkthafte schwarz-weiße Erkenntnisse, die aber über weite Strecken für das Ganze des Daseins verbindungslos (isolierte „Staub-Körner") und sinnlos farblos (gefühllos) bleiben, dafür aber in einer riesigen Daten-Menge auftauchen. Rechner berechnen nur dort eiskalt Verbindungen, wo diese ihnen extra durch Daten zugeführt werden. Die umfassende, ja unglaubliche Weite der Wirklichkeit und ihrer vielfältigsten Verbindungen bleiben dem Rechner fremd.

In Wirklichkeit haben wir den schauenden Überblick (auch im symbolischen, sehr umfassenden Sinne) nicht gänzlich verloren. Und wir suchen den Weitblick auch ganz praktisch und besonders im Urlaub gerne durch Aufenthalt am Meer oder durch Bergbesteigungen, auf Aussichtstürmen und durch das Fliegen.

„Die Schlange war schlauer als alle Tiere des Feldes..."
„... Nein, ihr werdet nicht sterben. Gott weiß vielmehr: Sobald ihr davon esst, gehen euch die Augen auf; ihr werdet wie Gott und erkennt Gut und Böse. Da sah die Frau, dass es köstlich wäre, von dem Baum zu essen, dass der Baum eine Augenweide war und begehrenswert war, um klug zu werden. Sie nahm von seinen Früchten und aß; sie gab auch ihrem Mann, der bei ihr war, und auch er aß."
Da gingen beiden die Augen auf und sie erkannten, dass sie nackt waren." (Buch Genesis 3,1 und 3,4-6)
Die Schlange könnte man heutzutage, oh Herr und mein Gott, ganz gut auch als ein Symbol für die Werbung ansehen.
„Die Schlange war schlauer"
Heute werden in die Werbung Unmengen von Geld gesteckt, beste Fachleute werden in der Werbebranche engagiert, psychologische Erkenntnisse und Marktforschung eingesetzt. Ein kurzer Werbefilm wird vermutlich, oh Herr und Gott, oft aufwändiger gedreht, als Spielfilme.
„ Nein, ihr werdet nicht sterben. Gott weiß vielmehr:..."
Die Schlange erzeugt das Gefühl, dass dem Menschen von Dir, oh Gott, etwas vorenthalten wird. Der Neidfaktor ist oft auch ein starker Antrieb für einen eigentlich nicht gerechtfertigten Kauf. In der Werbung werden strahlende, glückliche Besitzer eines Produktes gezeigt – das weckt den Wunsch, auch so glücklich zu werden.
Neid ist gefährlich, der erste biblisch-symbolische Totschlag geschieht aus Neid (die Geschichte von Kain und Abel).
Wettbewerb, oh Herr und Gott, der oft seinen Anfang im Neid hat (dann aber schnell zur Notwendigkeit werden kann), belebt die Anstrengungen nicht selten in einem positiven Sinne. Aber er kann auch zu zerstörerischem Eifer, oder in Unternehmen - wenn Wettbewerb zu einem „Muss" wird, um nicht insolvent zu werden - zu Rücksichtslosigkeit gegenüber Menschen und Natur, führen.
„ihr werdet nicht sterben", „ihr werdet wie Gott".
Die Schlange verspricht Vorteile, die nicht eintreffen.
Die Schlange lockt und macht für uns Menschen, oh Herr, die verbotene Frucht: begehrenswert (was Adam und Eva vorher nicht bewusst war) durch: Genuss (köstliche Frucht essen), Schönheit (Augenweide), Erkenntnis (klug werden), Sicherheit (nicht sterben) und Macht (wie Gott werden) – sind das nicht auch raffinierte Wirkungen von Werbung? Genuss, Schönheit und Bequemlichkeit lo-

cken zum Kauf vieler Produkte, Erkenntnis wollen Medien vermitteln und manche Schlagzeile weckt die Neugier und oft auch das Gefühl: „wenn ich das nicht weiß, erkenne ich wichtige Dinge nicht", oder ich bleibe „dumm". Eine Nähe zum Unsterblichkeits-Versprechen haben angepriesene Produkte, die Jugendlichkeit versprechen. Und so manche Angebote locken auch damit, dass wir dadurch quasi „mächtiger" werden, mehr können und einflussreicher dastehen als andere.

„Sie nahm von seinen Früchten und aß; sie gab auch ihrem Mann, der bei ihr war, und auch er aß."

Hat sich einer verführen lassen, wollen andere nicht zurück stehen und kaufen auch.

„Da gingen beiden die Augen auf und sie erkannten, dass sie nackt waren."

Für diesen Satz gibt es natürlich tiefgründigere Auslegungen. Aber mir, oh Herr, fiel in diesem Zusammenhang mit der Werbung auch sofort ein: nach einem „Kauf-Rausch" kann ich vielleicht feststellen, dass mein Konto leer ist, dass ich finanziell „nackt" dastehe. Auch die Schlange selbst als Tier, oh Herr, ist für mich ein gut geeignetes Symbol für die Werbung. Von unserem Bewusstsein ungeliebt (wie Schlangen es oft sind) und am liebsten „verstoßen" (abgeschaltet), kriecht die Werbebotschaft doch schleichend in unser Unterbewusstsein und beeinflusst es mit ihrem psychologischen Gift. Obwohl überall vorhanden, bemerken wir die Werbung - wie die Schlange am Boden - oft gar nicht: sie erscheint völlig selbstverständlich auf den Produkten selbst, sie umgibt uns an Bushaltestellen, neben Rolltreppen und an vielen anderen Orten, wo wir vorbeikommen. Wir schauen nicht bewusst hin, oh Herr, wir sind in Gedanken woanders, und doch sehen wir die Werbung. Ganz ähnlich geschieht es in Zeitungen, im Fernsehen und im Internet: wir denken, wir schirmen unseren Geist gegen die Werbesprüche und die Bilder ab – und gerade deshalb können sie unerkannt in unser Unbewusstes eindringen – so wie eine Schlange, die für uns am Boden für unsere höher gelegenen Augen (auch für unseren Hochmut) unsichtbar ist und uns so an der Ferse mit ihrem Biss vergiften kann.

„Er (Mensch) trifft dich am Kopf und du (Schlange) triffst ihn an der Ferse." (Buch Genesis, 3,15)

Durch seine exakten Erkenntnisse wird der Mensch der Natur (hier symbolisch der Schlange, einer sehr alten Tierart) gefährlich. Die Natur kann mit ihrem einfachen natürlichen und bodennahen Kopf den kopf-gesteuerten und technischen Vorhaben des Menschen nicht immer etwas entgegen setzen. Mit seinem hoch erhobenen Technik-Kopf zertritt der Mensch so manches mal den Kopf der am Boden lebenden Schlange (Natur, Bodenfruchtbarkeit).

Aber der Mensch erlebt umgekehrt, oh Herr und Gott, auch die Natur als mögliche Bedrohung seiner Existenz-Grundlagen, als Bedrohung seiner Versorgung, die der Boden hervorbringt (beispielsweise Gefährdung durch Missernten, Schädlinge, Krankheiten, Naturkatastrophen). Somit wird die Gefährdung der Ernährung durch einen „vergifteten" (Gift = Symbol Schlange) Boden zur Achilles-Ferse, zur Verletzlichkeit des Menschen.

Die Natur (Schlange), oh Herr, verhält sich trotz aller menschlichen Erkenntnisse nicht immer nach den Wünschen, Berechnungen und Plänen des Menschen. Auch die menschliche Natur selbst - zusammen mit der menschlichen technischen Macht - verursacht des öfteren viele Schäden. Und so vernichten gerade die Erkenntnisse von uns Menschen oft auch kurzsichtig die Grundlagen unseres Daseins.

Ich habe den Eindruck, oh Herr, dass wir uns in unserer heutigen „aufgeklärten" Zeit schwerer tun, symbolische Bilder in ihrer Vielschichtigkeit, mit ihren vielseitigen Zusammenhängen intuitiv zu verstehen und zu erleben. Wir sind versucht, die Bilder schwarz-weiß exakt zu untersuchen und kommen dann natürlich zu dem Schluss, dass sie nicht stimmig sind, dass sie keine korrekten Aussagen machen, dass es nur längst überholte Märchen sind. Ich empfinde das als einen gesellschaftlichen Verlust an vielschichtiger und weitschauender Wahrnehmung.

Mit der schwarz-weißen Erkenntnis-Fähigkeit von Gut und Böse, oh Herr, entstand auch außerhalb des Paradieses der tödliche Krieg. Beschrieben wird das durch die Geschichte von Kain und Abel in der Genesis: *„Nach einiger Zeit brachte Kain dem HERRN eine Gabe von den Früchten des Erdbodens dar; auch Abel brachte eine dar von den Erstlingen seiner Herde und von ihrem Fett. Der HERR schaute auf Abel und seine Gabe, aber auf Kain und seine Gabe schaute er nicht. Da überlief es Kain ganz heiß und sein Blick senkte sich"* „*... Als sie auf dem Feld waren* *erhob sich Kain gegen Abel, seinen Bruder, und tötete ihn." (Die Bibel, Einheitsübersetzung von 2016, Buch Genesis 4,3-5 und 4,8).*

Neid kommt auf, weil der eine mehr Anerkennung bekommt für sein Werk (für das beide ja ihre Erkenntnis-Fähigkeit nutzten) als der andere.
Doch noch ein Gesichtspunkt an Auswirkungen der Erkenntnis-Fähigkeit, oh Gott - hier in der Genesis nicht unmittelbar erkennbar - spielt beim Töten von Menschen eine Rolle: Nur sehr wenige Tiere töten Artgenossen. Sie kämpfen hart miteinander, aber sie töten sich meist nicht. Es gibt bei den meisten Arten eine Tötungshemmung gegenüber Artgenossen. Der Mensch, oh Gott, hat diese Tötungshemmung durch Waffen überwunden. Es ist viel schwerer, jemanden, dem man in die Augen blickt, umzubringen, als einen weiter entfernten Menschen – nicht nur wegen seiner Gegenwehr, sondern weil es einem geistig gesunden Menschen immer noch schwer fällt, einen Artgenossen zu töten. Doch durch Waffen wurde das Töten schneller (Messer, Axt) und durch weitere Entfernung geistig-psychisch viel leichter (anfangs Pfeil und Bogen, Wurfspeer). Und die Folge war, dass mit Hilfe von Waffen viele Menschen in Kriegen getötet wurden und immer noch werden. Hinzu kamen ständig immer mehr Erkenntnisse auf beiden Seiten - die sich hochschaukelten - wie man denn einen Krieg wirkungsvoll führen konnte.
Die Spirale der immer höher entwickelten Kriegstechniken und Waffen, oh Gott, die dreht sich bis heute immer weiter. Bereits seit Jahrzehnten sind wir in der Lage, unsere Erde unbewohnbar zu machen. Und für Militär und Waffen werden weltweit viele Erkenntnisse eingesetzt, und es wird auch viel weiter geforscht. Das ist eine düstere Seite der Erkenntnis-Fähigkeit.
Und der Abstand, das „sich selbst vom Geschehen isolieren", das sich „vor den Opfern Abschirmen", wird immer größer und perfekter. Es ist hier in diesem Fall kein forschendes Isolieren von äußeren Untersuchungs-Gegenständen, um neutrale Erkenntnisse über die Untersuchungs-Objekte zu gewinnen. Es ist Selbst-Isolierung, oh Herr der Barmherzigkeit, um größere Zusammenhänge und verursachtes, schockierendes Leid nicht erkennen zu müssen.
Ich glaube, es war im Film „Apokalypse now", in dem gezeigt wurde, wie Piloten von Kampfbombern in Vietnam beim Abwurf von tödlichen Bomben laute Musik hörten, um möglichst zu vermeiden, dass sie sich das Leid der Opfer unter ihren Flugzeugen

vorzustellen begannen. Heute setzt man Kampfdrohnen zum ferngesteuerten Töten ein, und man denkt darüber nach, in Zukunft Roboter kämpfen zu lassen, unter anderem auch, weil sie die Lage ohne Emotionen analysieren können.

„Er vertrieb den Menschen und ließ östlich vom Garten Eden die Kerubim wohnen und das lodernde Flammenschwert" (Buch Genesis 3,24).
Wir wollen nicht mehr, oh Herr, zurück zu unserer unschuldigen und einfachen Lebensweise. Denn inzwischen sind wir von unserer Technik existentiell abhängig geworden. Wenn wir heute alles abschalten würden, käme es zu einer riesigen menschlichen Katastrophe.
Und außerdem fürchten wir uns jeweils vor den High-tech-Waffen der anderen. Es braucht keinen Engel mit Flammenschwert mehr, um uns die Rückkehr zum Paradies zu verstellen – längst haben wir das „Flammenschwert" selbst in die Hand genommen und bedrohen uns damit gegenseitig.

Erkenntnisse aus schwarz-weißer, sachlicher Untersuchung haben uns immer mehr neue Möglichkeiten eröffnet. Wie werden wir damit in Zukunft umgehen, oh Herr und weiser Gott?
Erkenntnisse lassen sich nicht rückgängig machen. Sind sie Fluch oder Segen für uns? Ich denke, es ist wichtig, sich die Gefahren bewusst zu machen. Nur dann haben wir eine Chance, in der Zukunft auch mit all unseren Erkenntnissen zu überleben und das Leben nicht zu einem Alptraum werden zu lassen, sondern lebensfroh Tag für Tag das Dasein zu begrüßen.
Mögest Du, oh Herr und Schöpfer unserer Welt, uns dabei zur Seite stehen. Ich danke Dir. Amen.

Die Fähigkeit zu Weite und Offenheit des lebendigen Geistes

Die folgenden Thesen sind nicht beweisbar.

Mit meinen Thesen, oh Herr und Gott, behaupte ich ja: wirkliche Wahr-nehmung, Gefühle, die Fähigkeiten ganzheitlichen Überblick zu erleben und den Daseins-Sinn zu spüren, dies alles hängt mit einer höher-dimensionalen Wahrnehmung zusammen. Aus dieser höher-dimensionalen Wahrnehmung heraus kann ich auf unsere 3-dimensionale Welt schauen und sie ganzheitlich überblicken (wie der Blick von einem Berg aus auf ein Tal). Aus diesem Überblick heraus kann ich die einzelnen Ereignisse des Daseins ihrem Daseins-Sinn zuordnen. Und der Daseins-Sinn kommt letzten Endes von Dir, oh Herr.

Diese Thesen, oh mein Herr und mein Gott, können durchaus sachlich nahe gelegt werden, aber sie sind nicht experimentell überprüfbar.

Die höher-dimensionale, zusammen-schauend überblickende Wahr-nehmung ist einem Rechner nicht möglich. Er kann nur punktuelle Daten errechnen, wenn auch in riesiger Menge und extrem schnell. Er konstruiert seine virtuelle Welt von unten aus, von einzelnen Größen-Daten ausgehend zu komplexeren Verbindungen.

Wie gesagt, ich kann meine Behauptungen nicht beweisen - oh Herr, der Du auch jenseits jeglicher Beweise alles Dasein erfüllst. Denn die Beweise müssten in der 3-dimensionalen, in der Jetzt-Zeit-Punkt festgelegten physischen Welt erbracht werden (nur dann ist exakte Wiederholbarkeit möglich – in einem teilweise unberechenbaren Erlebnis-Raum ist diese nicht gegeben). Die Beweise könnten daher nicht über sich selbst hinaus in einen höher-dimensionalen Raum reichen (wie den Erlebnis-Zeit-Raum, der nicht mit einem oder mehreren festen Erlebnis-Zeit-Punkten beschreibbar ist).

Zeit-Räume können in der physischen Welt beispielsweise nur punkthaft (mit Anfangs- und Endpunkt und Zwischenpunkten) berechnet werden. Das ist aber kein wirkliches Wahr-nehmen eines gesamten zeitlichen Raumes und seiner Weite an Möglichkeiten.

Oh Herr und Gott allen Daseins, der Du keinen Beweis für Dein Dasein brauchst, da Du über jeglicher Beweisbarkeit erhaben bist – so ist die Un-Beweisbarkeit meiner Thesen paradoxerweise ein Hinweis auf ihre Gültigkeit.
Durch das Erleben und Empfinden können wir allerdings in uns spüren, dass wir das Dasein nicht nur rechnerisch kalt erfassen, sondern dass unser Erleben auch aus anderen Schichten des Daseins „belebt" wird.
Chemische Botenstoffe unseres Körpers und elektrische Reizleitungen in den Nerven gehören der 3-dimensionalen Jetzt-Zeit-Punkt gebundenen physischen Körperwelt an. Daher können sie unser Erleben zwar mit physisch-körperlichen Informationen unterstützen, und sie können Informationen an Organe weitergeben (beispielsweise an Muskeln) aber sie sind meiner Ansicht nach, oh Herr, nicht das Erleben selbst.
Das Erleben selbst kommt aus einer höheren Wahr-nehmungs-Dimension. Als bildliches Symbol könnte man sagen, oh mein Herr und Schöpfer-Gott: so wie Sonnen-Licht in einen Raum strömt und ihn erhellt, so schenkt uns das Erleben aus einer höheren Dimension heraus den Daseins-Sinn und erfüllt damit unsere Wahrnehmung und lässt sie lebendig werden.
Ich glaube, oh Herr und Schöpfer des Daseins: dieser ganzheitliche Überblick über das Dasein entströmt Deinem Geist. Unser Erleben ist, wenn es nicht verdunkelt wurde, mit Dir im Geiste verbunden. Du belebst uns mit Deinem Geist und machst uns dabei weit und innerlich frei. Amen.

Fähigkeiten, die dem menschlichen Geist inne wohnen, die der Rechner-Leistung und der KI aber fehlen.

Der lebendige Geist ist ein Wunderwerk, Dein Wunderwerk, oh Herr und Schöpfer-Gott.
In mancher Hinsicht ist der Geist gar nicht wirklich analytisch verstehbar und beschreibbar, da er über eine nicht mehr exakt benennbare Weite und Offenheit verfügt, in der er sich lebendig bewegt.
Aber mit Begriffen, die nicht so stark einengen und festlegen, mit solchen Worten lässt sich doch manches über unseren Geist

aufzeigen.

Mir fallen, oh Herr und Gott, die folgenden möglichen, tiefgreifenden Unterschiede zwischen Menschen und KI ein:

Ausdehnungen erleben, Vielfalt der Möglichkeiten, Weite und Offenheit und Ahnen des Göttlichen
Geheimnisvolle Möglichkeiten
Fähigkeit zum Überblick
Bewusstsein
Gefühle und Erleben
Empfinden von Schönheit
Wollen und Willens-Freiheit
Sinn-Orientierung
Verbindung zum Göttlichen
Daseins-Bejahung, Liebe

Ausdehnungen erleben, Vielfalt der Möglichkeiten, Weite und Offenheit und Ahnen des Göttlichen

Für den Geist, oh Herr, kann Ausdehnung die Weite des Herzens berühren, kann eine Ahnung des Nicht-Fassbaren vermitteln.

Ausdehnungen sind innerlich voll an Möglichkeiten, sie können offen sein oder geschlossen. Ausdehnungen in der Wirklichkeit sind nicht durch rechnerische Einheiten wirklich zu beschreiben, nur näherungsweise.

Ausdehnungen eröffnen Möglichkeiten in unserer wirklichen Welt.

Feste Ausdehnungen, wie beispielsweise ein Stück Hartkäse, können nicht mehr gefüllt werden, aber sie können geteilt werden. So ist es mir möglich, oh Herr, ein Stück Hartkäse ganz verschieden aufzuschneiden: mit dicken oder dünnen Scheiben, oder abwechselnd dick und dünn. Ich kann den Käse, oh Herr, auf einmal aufschneiden und essen, oder ich kann es an zwei oder mehr Tagen tun (dann wird er trockener), es können auch verschiedene Personen zu verschiedenen Zeiten den Käse anschneiden. Ich kann ihn mit verschiedenen Werkzeugen – Messern oder Hobel – schneiden. Ich kann ihn erhitzen und schmelzen und teilweise oder ganz zerlaufen lassen. Neben den sinnvollen Möglichkeiten gibt es noch viele unsinnige.

Noch umfangreicher, ja unendlich sind die Möglichkeiten einer offenen Ausdehnung.

Was kann nicht alles in einen Krug hinein kommen, dessen Inneres zuvor eine leere Ausdehnung war, oh Herr, und der Inhalt kann sich im Krug auch noch verändern. Alleine schon die Luftmoleküle können den Krug füllen und wirbeln dort drinnen – je nach Temperatur – langsamer oder schneller oder rasend schnell herum und tauschen sich auch mit Luftmolekülen aus der Umgebung aus. Auch Wasser, Wein, Saft – alles passt in den Krug und ist dort als Flüssigkeit in Bewegung. Aber auch Festes geht hinein, wie Erde oder Sand, oder Zucker und Mehl. Zucker und Mehl kann ich vermischen, Öl und Essig auch, aber sie entmischen sich bald wieder. Ich glaube, oh Herr, jeder kann sich jetzt tausende andere Dinge im Krug vorstellen und dazu ihre Veränderung. Auch die Atome im Krug sind ja wahrscheinlich ständig in Veränderung, da die Elektronen - zumindest nach dem Elektronen-Modell - den Atomkern ständig umkreisen. Aber für mein Erleben des Alltags spielt es keine Rolle, ob ich um die Elektronen-bahnen weiß oder nicht. Für die Wirklichkeit des Daseins ist es aber dennoch entscheidend, auch wenn ich nichts davon weiß. Wirklichkeit ist für mich so unglaublich riesig, oh Herr, und alles ist mit allem verbunden.

Ob ein Rechner jemals alle Zustände in der Ausdehnung eines Krug-Inneren, in dem sich beispielsweise eine Flüssigkeit befindet, bis auf die atomare Ebene für die Dauer von nur fünf Minuten berechnen kann? Ich glaube es kaum. Doch wenn der Krug Jahrzehnte erhalten bleibt, dann gehen für unsere Vorstellung, oh Herr, die unterschiedlichen Zustände des Kruginneren fast ins Unendliche.

Aber das wären ja nur die Zustände einer einzigen Befüllung. Wenn alle noch denkbaren möglichen Befüllungen mit ihren Veränderungen hinzu kämen, wäre die Anzahl von Zustands-Möglichkeiten noch unvergleichlich höher. Auch wenn der Krug niemals mit all diesen Dingen befüllt würde, die Möglichkeiten dazu bestünden.

Aber das ist in meinen Augen noch nicht alles, oh Herr: bis jetzt wurden die im Kruginneren möglichen Zustände ohne Außenkontakt berechnet, als wenn der Krug für sich alleine bestehen würde. Aber es kommen ja noch Einflüsse von außen hinzu, beispielsweise die Temperatur, die eine Flüssigkeit im Krug einfrieren oder verdampfen lassen kann. Oder jemand rührt um oder schüttelt.

Oh Herr, das klingt alles ein wenig albern – aber es zeigt, wie unglaublich viele Möglichkeiten alleine durch die Befüllung und die sich wandelnden Zustände in einem „leeren" Krug bestehen.

Nicht umsonst, oh Herr, schreibt der alte chinesische Weise und Begründer des Daoismus Laozi vor rund 2500 Jahren in Kapitel 11 des Dàodéjing: *„Ton knetend formt man Gefäße. Doch erst ihr Hohlraum, das Nichts, ermöglicht die Füllung. ... Das Sichtbare, das Seiende, gibt dem Werk die Form. Das Unsichtbare, das Nichts gibt ihm Wesen und Sinn."* (Quelle: https://beruhmte-zitate.de/autoren/laotse/). Ich würde allerdings „Nichts" mit „Leerheit" übersetzen.

Rechner können berechnen, was in einen leeren Raum hineinpasst, wenn sie die Größenmaße des Objektes haben, das hineinkommen soll (beispielsweise die Größe eines durchschnittlichen Sandkorns – wobei diese Durchschnitts-Rechnung natürlich ein schon nicht mehr völlig exaktes Ergebnis bringt, oh Herr, sondern einen meist tauglichen rechnerischen Kompromiss). Aber da ein Rechner keine Vorstellung davon hat, oh Herr, wie groß ein Sandkorn ist (die reinen Daten sind ja nur Daten und keine wirkliche Vorstellung), kann er sich auch den leeren Raum des Kruges nicht wirklich vorstellen. Man könnte nun noch sehr viele andere Größen-Daten angeben und ausrechnen, wie viele Elemente davon jeweils in den Krug hinein passen. Doch die Größen-Angaben bleiben - meiner Meinung nach, oh Herr und Gott des wirklichen Daseins - für den Rechner unbe-greifbar. Sie bezeichnen den Leerraum des Kruges dabei nur durch mehr und mehr ineinander verschachtelte andere Größen, aber nie wirklich ganzheitlich ausgedehnt. Denn jede Größen-Angabe besteht aus dem Null-Punkt als Anfang und aus einem End-Punkt, der die Größe bezeichnet. Das Innere einer Ausdehnung liegt dazwischen und ist für einen Rechner nur rechnerisch interessant, wenn er etwas (von dem wiederum nur die Größen als Anfangs- und Endpunkte bekannt sind), hinein rechnen soll.

Wir Menschen, oh Herr, leben aber in Ausdehnungen, und wir errechnen sie dabei normalerweise nicht. Für uns ist nicht nur der Null-Punkt und der End-Punkt einer Ausdehnung interessant (bei der Weite des Alls kennen wir den Endpunkt gar nicht), sondern wir „sind" - dank Deiner Schöpfung oh Herr und Gott - wirklich mitten darin im Raum der uns umgebenden Ausdehnungen. Der wirkliche Raum ist Teil unseres und des uns umgebenden und Daseins, und er durchdringt auch das Innere unseres „Selbst". Und wir befinden uns in einem vielfach ineinander geschachtelten Raum (Zimmer im Haus, in der Stadt, im Land, auf der Erde, im Sonnensystem, in der Milchstraße, im Universum). Wir selbst sind wirklicher Teil all dieser Ausdehnungen.

Auch der Rechner ist natürlich selbst eine „Ausdehnung", eine Größe, und auch Teil der ihn umgebenden Ausdehnungen. Aber falls er diese beispielsweise für Bewegungen ausmisst, so endet diese Bemessung in der Nähe, beispielsweise bei der nächsten Wand, und sie erreicht nicht annähernd die Weite des Universums. Unendlichkeit ist für den Rechner und seine Messgeräte sowieso nicht bezifferbar messbar.

Aber für uns Menschen - oh Herr und Gott und Ursprung allen Lebens – für uns sind die uns umhüllenden Ausdehnungen und ebenso die neben uns existierenden Ausdehnungen Teil unseres Lebens. Sie verbinden sich mit unseren Hoffnungen und Erwartungen, mit unseren Plänen und Vorhaben, mit unseren Erinnerungen und unserem Ich-bin-Bewusstsein.

Ausdehnungen wohnen allen uns umgebenden Dingen und Lebewesen und uns selbst inne, alles besitzt seine eigenen Ausdehnungen und wird ebenso von Ausdehnungen eingehüllt, im kleineren und auch gemeinsam im größeren Raum.

Ich vermute sehr, oh Herr, dass unsere Beziehung zu den Ausdehnungen unserer Welt nicht rein rechnerisch und nicht Rechen-Ergebnis bezogen ist, sondern sie ist durch Gefühle lebendig.

Und ich bin überzeugt, oh mein Herr und Gott, dass wir die Offenheit von Ausdehnungen für eine schier unendliche Anzahl von Möglichkeiten zwar nicht genau beschreiben können, dass wir sie aber ahnen. Wir spüren die „Leerheit", die Weite der Möglichkeiten einer Ausdehnung. Diese unbenennbare und nicht mehr berechenbare Weite ist den Rechnern mit ihren Rechen-Operationen fremd. Zahlen können sie nicht ausdrücken. Doch uns erfüllen die verschiedensten Ausdehnungen mit unterschiedlichen geahnten Gefühlen.

Ein kleines, voll gestelltes Zimmer, oh Herr der Weite, kann uns beengen und bedrücken, oder es gibt uns das Gefühl von Schutz und Geborgenheit. Dafür brauchen wir nicht tausende von Überlegungen anzustellen, was in diesem Zimmer möglich oder nicht möglich ist – wir spüren seine Atmosphäre auf einer anderen Ebene – auf einer Ebene, die uns mit unserem ganzen Leben und unserem Herkommen und dem zukünftigen Hinwollen verbindet.

Ein Rechner erfasst eine Ausdehnung äußerlich durch zwei Punkte: den Null-Punkt als Anfang und den Größen-Wert-Punkt als Ende. Das „Dazwischen" ist ihm fremd, ist ihm allein Rechen-Raum für das Einpassen kleinerer Größen.
Doch der lebendige Geist, den Du uns geschenkt hast, oh Herr, er erfasst auch das Innere einer Ausdehnung, nimmt sie wahr auch ohne Berechnungen, erlebt sie in ihrem vollen Dasein.

Viele Menschen empfinden Ausdehnungen als offene Weite besonders im Urlaub als befreiend. Ein weiter Blick von einem hohen Berg aus kann beglücken – obwohl ich rein rechnerisch

nichts mit dieser Weite anfangen kann. Doch wir Menschen - oh mein Herr und Schöpfergott der Weiten – wir spüren in unserer Seele ein Echo, einen Gleichklang mit dieser Weite. Ohne dass sich unsere Lebenssituation äußerlich verändert, schenkt uns diese Weite ein Gefühl von Freiheit und großzügiger Offenheit.
Nicht umsonst hat Reinhard Mey 1974 in einem Lied gedichtet: „Über den Wolken muss die Freiheit wohl grenzenlos sein. Alle Ängste, alle Sorgen, sagt man, blieben darunter verborgen, und dann würde, was uns groß und wichtig erscheint, nichtig und klein ..."
Auch am Meeresstrand kann so mancher diese grenzenlose Weite empfinden. Zwar sieht man am Strand wegen der Erdkrümmung nicht allzu weit, aber das Herz, oh Herr, weiß, dass es dahinten sehr sehr weit weiter geht, dass es dort für unser Empfinden keine Endlichkeit mehr gibt, dass das Meer grenzenlos erscheint.
Und wer würde nicht berührt von einem klaren nächtlichen Sternenhimmel, der mit seinem tiefen Schwarz undenkliche Tiefen andeutet, in denen dennoch heiter ungezählte Sterne funkeln und das Band der Milchstraße den Himmel ausspannt.

Aber es gibt ja nicht nur die räumlichen Ausdehnungen, es gibt ja genauso die zeitlichen. Und wenn wir viel unter Zeitdruck arbeiten müssen, oh Herr der Ewigkeit, dann sehnen wir uns nach Feierabend, Wochenende und Urlaub, um das Dasein zu erleben, ohne auf die Uhr zu blicken, um einfach im Hier und Jetzt durch die Zeit zu treiben.
Manchmal aber, wenn uns die Arbeit am Tage sehr angespannt hat, dann gelingt es nicht immer leicht, sich auf die Weite des Daseins einzulassen. Zu sehr ziehen die vermeintlichen Notwendigkeiten des Tages unser Herz zusammen und die Seele wagt es nicht mehr, sich zu öffnen. Oh Herr, ich bitte Dich, zeige dann diesen Menschen die Schönheit und die „erlösende" Kraft der Weite und Offenheit des lebendigen Daseins.

Unendlichkeit kann nicht wirklich mit Zahlen ausgedrückt werden. Aber unser Geist, oh Herr und Gott, ahnt sie und ist gerne bereit sich loslassend und frei immer wieder einmal darauf einzulassen. Der Alltag mit seinen begrenzten Ausdehnungen holt uns bald wieder ein – doch lange bleibt etwas vom „Atem der grenzenlosen Offenheit und Weite" in uns, schenkt uns auch noch im Alltag eine das rechnerisch Notwendige übersteigende innere Freiheit.

Ich glaube, oh Herr und Meister der Weisheit, dieses Ahnen der Unendlichkeit verweist schon auf Dich, mein Gott. Diese Weite ist Dir nahe, sie ist keine sich ins Nichts verlierende Offenheit, sondern sie ist im Geiste lebendige Nähe zu Dir, mein Schöpfer-Gott.
Und in dieser Weite ist Dein Ja zum Dasein, zur Schöpfung, verborgen und spürbar. Nur wenn ich diese Weite und Offenheit immer wieder einmal ahnen kann, ist mein Geist lebendig und wird zugleich ruhig.

Geheimnisvolle Möglichkeiten

Möglichkeiten, oh mein Herr und mein Gott, sind für mich sehr geheimnisvoll.
Aus der 3-dimensinalen körperlichen Sicht heraus kann man ihre Fülle nicht sehen, sie sind „verhüllt", nur die im Jetzt-Moment verwirklichten Möglichkeiten sind sichtbar. So zeigt ein Foto, das ja einen Augenblick, einen unbeweglichen Jetzt-Zeit-Punkt festgehalten hat, nur eine einzige verwirklichte, festgehaltene Situation, zeigt eine unbewegliche Möglichkeiten-Verwirklichung.
Es braucht den Ablauf der Zeit, um zu erkennen, wie sich Möglichkeiten verwandeln. Dann lassen sich sowohl offene, als auch verwirklichte oder auch „verwelkende" (also langsam verschwindende), vergangene und unmögliche Möglichkeiten erkennen.
Wobei uns vermutlich, oh Herr, hier auf Erden nie alle offenen Möglichkeiten bekannt sein werden – vielleicht dereinst im Jenseits bei Dir.
Offene Möglichkeiten werden am Jetzt-Zeit-Punkt in verwirklichte und in nicht oder noch nicht verwirklichte verwandelt.

Indem am Jetzt-Zeit-Punkt eine Möglichkeit verwirklicht wird, werden unzählige andere zuvor offene Möglichkeiten ausgeschlossen, der „Möglichkeiten-Raum" wandelt sich für uns, oh Herr, beständig – zeitlich dabei ohne Umkehr.
Wenn ich ein Buch in die Hand nehme, kann ich nicht gleichzeitig mich anziehen, schlafen, essen oder einen Text tippen.
Wenn ein Regentropfen, vom Sturmwind hin und her geweht, schließlich auf den Erdboden fällt, kann er nicht mehr an einer anderen Stelle auftreffen.
Wenn ich vom Wohnzimmer in die Küche gehe, kann ich nicht mehr gleichzeitig ins Schlafzimmer, ins Bad, in die Stadt, in den Park, in ein Geschäft und an so viele andere Orte gehen.
Ich habe mich fürs erste für die Möglichkeit „Küche" entschieden und kann das auch rückwirkend nicht mehr verändern.
Ist der Jetzt-Zeit-Punkt verstrichen, sind die Möglichkeiten für diesen vergangenen Zeitpunkt ein für alle mal festgelegt: sie bleiben für diesen Zeitpunkt auf immer verwirklichte oder unverwirklichte Möglichkeiten.
Dass so manches später in einem anderen Zeit-Rahmen dann doch verwirklicht wird, ist eine andere Geschichte. Es ist dann aber auch nicht mehr hundertprozentig die gleiche Situation. Die Welt verändert sich ständig, und so ist die neue Situation, welche die Möglichkeiten jetzt umgibt, niemals völlig identisch mit der Situation an dem vergangenen Jetzt-Zeit-Punkt.

Die offenen Möglichkeiten - so sehe ich es, oh Herr in einem Bild - treten durch den Jetzt-Zeit-Punkt wie durch eine Tür: eine Tür, hinter der sie getrennt werden in verwirklichte und nicht verwirklichte Möglichkeiten.
Auf der Seite der verwirklichten Möglichkeiten tun sich sofort unzählige neue offene Möglichkeiten auf. In jedem Jetzt-Zeit-Punkt geschieht weltweit diese ungeheure Verwandlung. Tatsächlich geschieht diese Verwandlung, oh Herr, vermutlich nicht Punkt für Punkt, sondern gleitend – aber das ist mit dem logischen Verstand schwer zu erfassen, dem Gefühl fällt es leichter.
Nur, weil es so viel mehr offene Möglichkeiten gibt, als verwirklichte, oh Herr und Schöpfer, ist unsere Welt und unser Da-

sein beweglich und veränderlich. Je „dichter" verwirklichte Möglichkeiten würden und je seltene offene, desto enger, so meine Vermutung, würde die Freiheit der offenen Möglichkeiten.
Daher danke ich Dir, oh Herr, dass Du uns auf der Erde eine so wohltuende und zugleich vielfältige Verteilung von offenen und vielfach stabileren verwirklichten Möglichkeiten geschaffen hast.
So können wir innerhalb der stabileren der verwirklichten Möglichkeiten (und der in uns wirklichen Zustände) körperlich bleibend sein und uns dennoch bewegen. Und geistig schwimmen wir mit unserer Vorstellungskraft und Fantasie im „Möglichkeiten-Raum" sogar sehr frei und lebendig wie „ein Fisch im Wasser".
Verwirklichte Möglichkeiten verhindern andere Möglichkeiten, eröffnen aber dafür unzählige neue offene Möglichkeiten. So können verwirklichte Möglichkeiten Schritt für Schritt eine neue Welt aufbauen.

Doch welches sind - oh Herr und Wissender allen Daseins - die Gesetzmäßigkeiten, nach denen sich Möglichkeiten öffnen, verwirklichen und schließen?
Zu einem großen Teil sind es die Naturgesetze und darauf aufbauend die dann vom Lebendigen (Pflanzen, Tiere, Menschen) angewandten und zum eigenen Vorteil eingesetzten Naturgesetze (Evolution). Auf den Naturgesetzen aufbauend hat sich das Leben entwickelt.
Gibt es vielleicht, oh Herr, gar keine wirklich offenen Möglichkeiten? Folgt alles exakt den Naturgesetzen und ist daher bis ins Kleinste vorherbestimmt, ist der Verlauf der Verwirklichung von Möglichkeiten einlinig und eindeutig von Anfang an festgelegt? Baut sich alles bis ins Kleinste gesetzmäßig aufeinander auf – wie bei einem Rechner die Berechnungen? Ist auch unsere Psyche letzten Endes elektrischen Reizen und Botenstoffen gänzlich unterworfen und somit den Naturgesetzen der biologischen Informationen?
Lange glaubte ich an dieses Weltbild, obwohl ich damals schon dem christlichen Glauben verbunden war. Es ließe sich ja auch Deine Schöpfung derart erklären, oh Herr, dass Du von Anbe-

ginn alles so festgelegt hast, wie es sich entwickeln soll. Nur wir würden es, da wir nicht über dem Zeitenlauf stehen, sondern ihn mit dem „Jetzt-Zeit-Punkt" durchleben, nicht so wahrnehmen, sondern würden es so empfinden, dass wir uns mit unserem freien Willen entscheiden könnten. Doch die psychologischen Einflüsse (die auch letzten Endes physisch festgeschrieben wären) und die chemisch-elektrischen Reize würden bei genauem Hinsehen erkennen lassen, dass alles von den Naturgesetzen vorherbestimmt ist.

Je mehr wir die stabilen Naturgesetze erforschen, oh Herr des Universums, und je mehr wir die wirkenden Kräfte erkennen, desto mehr können wir die Naturgesetze und ihre Kräfte gezielt einsetzen und für unsere Zwecke verwenden. Wenn wir wissen, dass es die Schwerkraft ist, die einen Stein nach unten fallen lässt, so können wir auch zusammen mit anderen wirkenden Kräften die Flugbahn von Satelliten ausrechnen und die Satelliten ziemlich exakt auf genau diese Bahn schicken. Solche Erfahrungen lassen das Weltbild, nachdem das Universum alleine den Naturgesetzen folgt, erst einmal überzeugend aussehen.
Die Chaos-Forschung aber hat hier vielleicht Entdeckungen gemacht, die dieser völligen Voraus-Berechenbarkeit widersprechen, oh Herr. Denn die Chaos-Forschung behauptet nachvollziehbar, dass auch mit den Naturgesetzen nicht alle Wirkungen in der physischen Natur berechenbar sind. Dabei geht es darum, dass es Verhältnisse gibt, bei denen für Berechnungen Zahlen mit unendlich vielen Stellen hinter dem Komma eine Rolle spielen – und mit solchen Zahlen kann man natürlich nichts ganz exakt berechnen sondern nur näherungsweise. Es gibt aber viele Situationen, an denen winzigste Veränderungen den Ausschlag geben, wohin sich eine Situation verändert, welchen Möglichkeiten-Weg sie nimmt. Solche Situationen lassen sich in ihrem Fortgang nicht zuverlässig berechnen und sind in ihrer weiteren Entwicklung nicht vorhersagbar.
Es sagt die Chaos-Forschung jedoch noch nichts darüber aus, ob das Universum überall alleine den Naturgesetzen folgt (und dabei nur „zufällig" durch chaotische Konstellationen unberechenbar wird), oder ob es noch andere Wirkungen gibt, die das

Universum beeinflussen.
Ich halte es für möglich, dass Du oh Herr, bei diesen chaotischen Situationen „diskret" den Verlauf der Dinge steuern könntest, unbemerkt und doch wirksam, da chaotische Unberechenbarkeiten überall gegenwärtig sind. Und ich könnte mir auch vorstellen, dass durch chaotische Prozesse in unserem Geist ein Entscheidungs-Freiraum entsteht, durch den wir in der Lage sind, frei zu entscheiden. Dass natürlich unser Herkommen, unsere Vergangenheit und unsere psychische Veranlagung immer noch mitwirken, ist selbstverständlich.

Doch wo entsteht (einmal abgesehen von den komplizierten psychischen Vorbedingungen) die rein physische Entscheidungs-Freiheit, einen Muskel zu bewegen, oder es bleiben zu lassen? Wäre das überhaupt in einer durch Naturgesetze völlig festgelegten „einwegigen" Welt möglich? Ich kann das nicht beurteilen, aber diese Frage, oh Herr, die stellt sich mir.

Wenn auch unser Geist rein physisch und naturgesetzlich funktionieren würde, wie könnte er dann Wahlfreiheiten haben? Oder ist unser Geist auch nur eine rein physische „Maschine", die sich eben nach naturgesetzlicher Vorgabe entscheidet, ohne dass uns das dabei bewusst ist? Ich kann dies immer weniger glauben. Aber ich kann das Gegenteil nicht beweisen.

In meinem Geist, oh Herr und Schöpfer-Gott, formt sich immer mehr ein Bild, in dem in unserem Geist zwei entgegen gesetzte Kräfte wirken. Mir erscheint dies auch deswegen gar nicht unwahrscheinlich, weil sich unsere ganze Welt überall durch Begegnung entgegen gesetzter Kräfte ausbildet. Dies ist auf eigentlich allen Ebenen zu beobachten: Kälte und Wärme, Hart und Weich, Oben und Unten, Schnell und Langsam, Weite und Abgrenzung, Ausbreitung und Zusammenziehen, Beharren und Verändern, Stabilität und Wandel, Abwehr und Öffnung, Werden und Vergehen, und so weiter.

Das beobachte ich, oh Herr, auch im geistigen Bereich nicht anders: wir brauchen Kontraste, um etwas erkennen zu können. Wir brauchen Schlaf und Wachsein, Anpacken und Geschehenlassen, Hell und Dunkel, Licht und Schatten, Freude und Trauer, Geselligkeit und Rückzug, Festgelegtheit und Offenheit und

so viele Gegensätze mehr.
Aus Gegensätzen erwächst unsere vielfältige Welt. Durch das sich ineinander „Verschlingen" dieser Gegensätze auf den unterschiedlichsten Ebenen entsteht ständig Neues. Es bleibt aber oft stabil genug, um darauf wieder Anderes aufzubauen, neue Gegensätze zu bilden, die sich wiederum auf verschiedenste Weise verbinden und Neues ergeben.

Für mich, oh Herr und Schöpfer der Vielfalt und Lebendigkeit, ist es inzwischen sehr wahrscheinlich, dass auch auf geistiger höchster Ebene zwei einander entgegengesetzte Grundprinzipien zusammen wirken:
Einmal sind da die Naturgesetze, die für die Stabilität des gleichen Ablaufs sorgen, eine Stabilität auf der auch das Leben aufbauen kann (und unsere Technik). Die Wirkungen der Naturgesetze gehen vom Kleinsten aus und regeln nach oben sich fortpflanzend zuverlässig das Größere.

Auf der anderen Seite gibt es die geistige Kraft, die aus dem Überblick kommt, und die mit Deinem Geist, oh Herr und alles überblickender Schöpfer-Gott, verbunden ist. Diese Kraft ist mit dem Daseins-Sinn verwoben, der alles Dasein aus Deiner Mitte heraus, oh Herr, bejahend umfängt. Dieser Daseins-Sinn pflanzt sich von oben auch in die naturgesetzlich verwirklichten Möglichkeiten hinein fort und schenkt Offenheit und Beweglichkeit.

Während die Naturgesetze „von unten" vom Kleinsten her wirken, so wirkt der Geist „von oben" vom Ganzen her in das Kleinere hinein.

Die physischen Dinge, so mein Weltbild oh Herr, folgen den Naturgesetzen vom Kleinsten her. Sie sind berechenbar, Größen lassen sich in sehr kleine Einheiten, bis in die Quanten hinein für die Berechnung aufschließen (die Frage, welche Rolle dabei das Chaos spielt, lasse ich hier in diesem Zusammenhang offen). In diesem Bereich lässt sich genau vorhersagen, welche physischen Möglichkeiten wirklich werden können (wenn ich den Stein loslasse, fällt er zur Erde) und welche nicht verwirklichbar sind (der Stein wird nicht von sich aus in den Himmel „fallen").

Der Geist hingegen, oh Herr und Schöpfer-Geist, er überblickt das Dasein großräumig, bis hin zu spirituellen, religiösen Erfahrungen. Doch mit seinem Wollen steigt der Geist vom Überblick hinab in die einzelnen Lebenssituationen, wertet sie und richtet sie – soweit möglich - nach dem im Überblick erkannten Ziel aus.
Nun müssen sich geistiges Wollen und physisches Können verbinden. Dies erzeugt das vielfältige Leben auf unserer Erde.
Unser Geist - oh Herr, der Du uns erschaffen hast - sieht Möglichkeiten aus einer höheren überschauenden Perspektive. Und er kann zumindest teilweise erkennen, welche aus einer Vielzahl offener Möglichkeiten verwirklicht werden können. Entsprechend seinen Zielen und Wünschen kann der Geist nun auch die physische Umsetzung, die Ver-wirklichung von offenen und bejahten Möglichkeiten bewirken.
Damit ist der offene Möglichkeiten-Raum für den Geist ein Freiraum. Denn dem Geist, oh Herr, hast Du die Kraft und Erkenntnis geschenkt, um den Wandel von offenen zu verwirklichten und auch den Wandel zu nicht mehr oder später zu verwirklichenden Möglichkeiten zu beeinflussen und zumindest teilweise zu steuern.

Die Wissenschaft hat meiner Meinung nach - oh Herr, der Du alles in Deiner Hand hältst, aber dennoch Freiräume schenkst – die Wissenschaft hat zu dieser Form des geistigen Überblicks und der daraus entstehenden Beeinflussung des Daseins keinen weitreichenden Zugang.
Die Psychologie erforscht hier manches, aber sie dringt meinem Eindruck nach nicht zur aller umfassendsten, zur grundlegendsten Sinnfrage vor.
Die Wissenschaft sucht Gesetzmäßigkeiten und beobachtet daher sich Wiederholendes. Diese Beobachtungen lassen sich für die kleineren Einheiten sehr genau feststellen (auch für kleinere Einheiten, die sich unglaublich oft in großem Maßstab in ihrem Verhalten wiederholen, wie im Kosmos).
Aber, das, was der lebendige Geist im Hinblick auf den Sinn des Daseins entscheidet – im Hinblick auf den Sinn, der uns von Dir aus durchströmt, oh Herr -, das ist nicht voraus bere-

chenbar, ist nicht naturgesetzlich festlegbar und entzieht sich daher der Wissenschaft.

Dass heute Rechner mit Algorithmen menschliches Verhalten in mancher Hinsicht oft voraussagen und auch psychische Erkrankungen schnell erkennen, das beruht meines Wissens nach auf einer Beobachtungs-Häufigkeit und kann daher keine Einzel-Entscheidungen mit absoluter und hundertprozentiger Zuverlässigkeit voraussagen.

Das geistige Wollen, oh Herr, das seine Wurzeln im Sinn-Empfinden hat, das ist ja nicht isoliert von der naturgesetzlich geregelten und gesteuerten Körperwelt. Daher wird sich so manche Auswirkung des geistig begründeten Wollens und so manche geistige Aktivität bei zahlreichen Menschen ähneln. Denn das Sinn-Empfinden kann ja bei vielen Menschen gleich ausgerichtet sein. Und daher kommt es dann auch, dass eine Wahrscheinlichkeits-Berechnung häufig zutrifft, wenn sich die umgebenden Situationen ähneln.

Wahrscheinlichkeits-Berechnungen treffen aber nicht immer zu, sie beschreiben für den einzelnen, meiner Meinung nach oh Herr, keine Notwendigkeit, sich genauso zu verhalten, wie die Wahrscheinlichkeit es vorhersagt.

Auch körperliche Botenstoffe und elektrische Reizleitungen halte ich nicht für den Geist selbst, sondern für eine Form der Verbindung von Geist und physisch-körperlichen Bereichen des Daseins.

Ein Rechner kann nie alle Möglichkeiten der Wirklichkeit ausrechnen. Er kann nur in einem begrenzten Rahmen voraus berechnen, welche offenen Möglichkeiten sich entsprechend den Naturgesetzen verwirklichen lassen, und welche nicht verwirklicht werden können. Er kann aber niemals, so vermute ich jedenfalls, oh Herr und Gott, – auch nicht in einem kleinen Bereich – alle offenen Möglichkeiten errechnen und aufzählen. Er kann Grenzwerte für Mögliches errechnen, aber er kann nicht alle innerhalb der Grenzwerte verwirklichbaren Einzel-Möglichkeiten errechnen, da die Unterschiede von Raum und Zeit unendlich klein sein können (außer Zeit und Raum sind in kleinste Einheiten zerlegt, die nicht mehr kleiner werden können – aber selbst dann müsste der Rechner lange lange rechnen, bis er für jede Raum- und Zeiteinheit alle Möglichkeiten in einem kleinsten Rahmen aufgezeigt hätte).

Der Rechner kann natürlich davon ausgehen, dass in einem Bereich ohne Änderungen für jeden Raum-und Zeit-Punkt die gleichen Gesetze gelten. Dennoch ist dies dann nur eine Annahme, keine eigenständige Berechnung. Wenn man alle wirkenden Kräfte an einem Ort berücksichtigen würde, dann wäre kein Zeit-Punkt und kein Orts-Punkt ganz gleich dem anderen. Die Wirklichkeit berücksichtigt alles – und das ist wahrlich erstaunlich, oh Herr.

Ein Rechner kann meiner Meinung nach Möglichkeiten nur einzeln abgehackt oder anonym generalisierend und vereinheitlichend darstellen.

Aber unser wunderbarer Geist, oh wunderbarer Gott, er ist in der Lage, offene Möglichkeiten in ihrer Fülle zu ahnen, er spürt die große Offenheit des „Möglichkeiten-Raumes", er sehnt sich nach Weite und Freiheit und überblickt das Dasein über Zeit-Räume hinweg und schaut so die Entwicklung der Vielfalt der Möglichkeiten als Ganzes.

Oh barmherziger Herr und Gott, es ist allerdings immer die Gefahr für unseren Geist vorhanden, dass er seinen Überblick verliert. Wenn wir zu sehr auf die Einzel-Dinge und ihre Gesetzmäßigkeiten schauen, wenn wir vor lauter Not-wendigkeiten (das heißt, aus dem Drang, die Möglichkeiten in der Nähe in eine andere Richtung zu wenden), wenn wir da nur noch die Not-wendigkeiten sehen und den weiten Raum der geistigen Freiheit aus dem Blick verlieren, wenn wir geistig „kurzsichtig" werden, dann wenden wir zwar die „Not" vielleicht kurzfristig ab, aber dabei haben wir den Bezug zum Daseins-Sinn verdrängt und werden allmählich orientierungslos und unruhig. Mir scheint, oh Herr und Gott, wir leben in einer Zeit, in der diese Gefahr sehr groß geworden ist. Hilf uns, darum bitte ich, oh mein Herr und mein Gott, den tiefen Daseins-Sinn und die tiefe Daseins-Bejahung, dort, wo sie uns verschleiert sind, wieder lebendiger und heller wahrzunehmen.

Das Sinn-Empfinden ist - anders als das Berechnen - mit Gefühlen und Erleben verbunden. Und wer sich auf die Weite der Möglichkeiten-Räume hin öffnet, der kann mit seiner Seele große Freude an der Weite und Freiheit des Daseins empfinden. Der Sinn strömt aus Deinem Geist, oh Gott, zu uns und in uns. Dafür danke ich Dir, oh Herr, der Du meinem Leben aus Deiner Liebe heraus Sinn schenkst - ich danke Dir dafür aus ganzem Herzen.

Fähigkeit zum Überblick – und warum Überblick über eine 3-dimensionale physische Körper-Welt die 4. Dimension des Zeit-Raums braucht

Umfassender (und nicht nur punktuell-errechneter) Überblick, braucht Weite und die Möglichkeit Abstand zu nehmen, das erkenne ich, oh Herr. Dies gilt von der niedrigsten Dimension bis in die höheren hinein, das gilt für die Raum – und für die Zeit-Dimensionen (gemeint ist hier nicht die astrophysikalisch errechnete Mehrdimensionalität).

Ich möchte das, oh Herr, an Beispielen verdeutlichen – wobei die niedrig-dimensionalen Beispiele (Linie, Fläche) in Wirklichkeit natürlich alle im 3-dimensionalen Raum stattfinden, aber sie sind den niedrig-dimensionalen Räumen (Linie und Fläche) in gewisser Weise ähnlich.

Wenn ich, oh mein Gott, nur in einer 1-dimensionalen Welt leben würde (in der nur Linien existierten), könnte ich mich nur entlang von Linien bewegen und auch nur diesen entlang schauen. Es wäre ein wenig ähnlich, wie in einem Tunnel (beispielsweise für U-Bahn oder Zug). Ist der Tunnel leer, könnte ich die Bahn-Linie entlang gehen und diese in die Tiefe hinein über-schauen. Aber sobald ein Körper, etwa ein Zug, dazwischen auftaucht, ist meine Sicht durch diesen Körper begrenzt (auf der mathematischen Linie wäre dieser hindernde Körper ein Punkt).

Gehe ich eine Dimension höher, so befinde ich mich in einer 2-dimensionalen Welt, in der es nicht nur Linien sondern auch Flächen (ohne Erhebungen) gibt. Man könnte in unserer Welt, oh Herr, einen Rasen in einem Garten als nahezu eine Fläche

betrachten. Würde ich auf einer Liege im Garten ruhen, so wäre ich der Rasen-Fläche ziemlich nahe. Aber wenn es keine Hindernisse gibt, kann ich trotzdem rundum blicken. Selbst wenn ein Freund vor mir stünde, könnte ich zwar nicht hinter ihn schauen (so wie beim Zug im Tunnel), aber ich kann ja meinen Blick zur Seite wenden und den Rasen in alle anderen Richtungen über-blicken. Wenn aber der Garten rundherum eine höhere umgebende Mauer hätte (auf der Fläche wäre diese eine umgrenzende Linie), dann könnte ich wiederum nirgends in die Weite blicken.
Doch gehe ich, mein Herr und mein Gott, wiederum eine Dimension höher, dann bin ich in unserer 3-dimensionalen Welt. Jetzt kann ich trotz umgrenzter Fläche wieder in die Weite schauen und mir einen Überblick über die Umgebung verschaffen. In dem Garten-Beispiel, brauche ich nur, wenn die umgebende Mauer niedrig ist, von der Liege aufstehen, so dass ich mit meinen Augen Höhe gewinne. Aus der Höhe kann ich über die Mauer hinweg blicken und habe nun einen Über-blick über die weitere Umgebung. Sollten in der Nähe hohe Berge stehen, so würde ich von einem Berg-Gipfel aus (große Höhe) einen noch weiteren Über-Blick erhalten.

Einen Überblick bekomme ich nicht, wenn alles ganz nahe ist. Dann sehe ich zwar viele Einzelheiten, aber ich erkenne nicht den weiträumigen Zusammenhang des Ganzen.
Wenn ich mich in den Straßen einer Stadt verlaufen habe, oh Herr, so finde ich mich wieder zurecht, wenn ich auf einen hohen Turm steige, oder wenn ich einen Stadtplan in die Hand nehme. Dieser ist zwar flächig, aber er zeigt mir wie aus hoher Draufsicht die Lage der Straßen und ihre Verbindungen.
Allerdings ist die Stadtplan nicht die Wirklichkeit, nur ein symbolisches, verkleinertes Abbild. Die ganzen Eindrücke, oh Herr, die mir von einem Turm zusätzlich noch möglich sind (Wetter, Farben, Häuserformen, Bäume, Autos, hastende oder schlendernde Menschen und so weiter...), die sind auf dem Stadtplan weggelassen. Und ein Stadtplan kann „überholt" sein, es können sich die Situationen geändert haben (beispielsweise Buslinien fahren anders).

Die Wirklichkeit beschenkt mich, mein Gott, immer mit einer großen Vielzahl an Eindrücken und Zusammenhängen, so dass so manches noch klar und verständlich und über-blickbar werden kann, was ich auf verkürzten Wiedergaben (Plänen, Fotos) nicht wahr-nehme. Und die Wirklichkeit durchstreift zusammen mit mir den gleichen Jetzt-Zeit-Punkt, sie ist immer aktuell. Sie schenkt mir stets einen Überblick über die Gegenwart, über den momentanen Zustand.

Doch unser Geist - oh Herr und Vater allen Geistes - kann mehr leisten, als einen „festgefrorenen" Überblick über einen Moment, der zwar stets von Moment zu Moment wechselt, der aber doch, so möchte ich es ausdrücken, oh Herr, „in sich ruht". Momente gewähren keinen Überblick über die Weite der Zeit-Räume. Ein Moment ist zeitlos und somit zeitlich dimensionslos, aber dennoch wichtig für unseren Geist.

Der Moment des Jetzt-Zeit-Punkts hält Möglichkeiten der 3-dimensionalen Körper als im Moment seiend (wie festgefroren) fest (daher kann die Fotografie Jetzt-Momente fest-halten). Gäbe es nicht die ordnende Kraft des „Jetzt", - das „Jetzt", das durch die Ausdehnung der Zeit gleitet - so wäre für unseren Geist, oh mein Herr und Gott, alles miteinander gleich-zeitig oder durcheinander wabernd. Wir könnten nichts sinnvoll erkennen, es gäbe keine verstehbaren Abläufe, die sich nacheinander anordnen und aufeinander aufbauen.

So bietet der ordentlich dahin-gleitende Jetzt-Zeit-Punkt die physisch-körperliche Stabilität und Festigkeit, die wir zur Orientierung brauchen. Er ist wie der Standpunkt im Raum, von dem aus wir alles betrachten. Der Jetzt-Moment ist unser Standpunkt in der Zeit.

Aber, oh Herr, mein Geist geht zwar wahrnehmend vom Jetzt-Moment aus, aber er weitet sich in die Vergangenheit, indem er sich erinnert, und er weitet sich mit Vorstellungen in die Zukunft. Nur deswegen sind wir in der Lage, zu lernen (Erinnerungen an Vergangenes) und die Zukunft (nach Vorstellungen) zu gestalten.

Denn das Dasein besteht aus einem unablässigen Strom von

Ereignissen. Gleich welcher Art und wo und wann ein Ereignis sich „ereignet" – ein Ereignis hat eine Länge in der Zeit, ist 1-dimensional in der Zeit, aber zusammen mit dem 3-dimensionalen Raum, oh Herr, würde ich ein Ereignis als 4-dimensional bezeichnen.
Unsere geistigen Vorstellungen erfassen Zeit-Räume und somit Veränderungen. Wir können Ereignisse als Ganzes wahrnehmen, sehen sie nicht als „eingefrorenes Foto-Bild", sondern wir können sie über-blicken. Auch hier gilt wiederum: je genauer ich auf Einzelheiten schaue, desto weniger erkenne ich die weiträumigen Zusammenhänge. Allerdings sehe ich dann die untergeordneten Einzelheiten besser.

Doch zu meinem Erstaunen, oh Herr und Schöpfer von Zeit und Raum, bin ich nicht nur in der Lage einzelne Ereignisse wahrzunehmen, sondern ich kann verschiedene Ereignisse vergleichen. Das sind Ereignisse, die entweder hintereinander geschehen sind (beispielsweise der Urlaub von diesem Jahr und der Urlaub letzten Jahres) oder die ich mir in der Vorstellung nebeneinander „vor Augen halte" (beispielsweise unterschiedliche zukünftige Urlaubspläne). Ich kann - wenn auch im begrenzten Maße, in der Gegenwart mehrere soeben ablaufende Ereignisse gleichzeitig überschauen, das ist unsere Fähigkeit zum Multitasking. Allerdings geht dabei wohl die Wahrnehmungs-Schärfe etwas verloren, die Konzentration ist nicht mehr so gut.
Auf jeden Fall können wir vergleichend mehrere Ereignisse in ihrer Beziehung zueinander und in ihrer Bedeutung anschauen. Es scheint mir dies, oh Herr und Gott der Vielfalt, fast so, als könne man es als eine weitere Dimension bezeichnen. Die Zeit-Räume, die zuvor nur zeitlich linear waren, bekommen durch das Vergleichen eine neu gewonnene Fülle.
Noch auf eine andere Weise, oh mein Herr und Gott, verbinde ich mit einem Ereignis mehr als nur den einfachen Ablauf. Ich kenne nämlich vielfach die Entwicklungs-Geschichten, die zu den Elementen, den „Mitwirkenden", eines Ereignisses gehören: viele Dinge, die in einem Ereignis eine Rolle spielen verbinde ich mit einer eigenen, oft persönlichen Geschichte. Ich weiß, wo sie herkamen, wie sie zu mir kamen, (oder in meine

Umgebung, wie ein Geschäft oder ein Baum) beispielsweise geschenkt, geerbt, teuer oder günstig gekauft, gefunden, ich weiß, was sie mir bedeuten, welche Gefühle ich mit ihnen verbinde, sowohl heute als auch früher. Und das Gleiche gilt für Vorgänge: ich weiß oftmals, wann und wo und mit welchen Gefühlen und warum ich einen Vorgang schon erlebt habe, und ob ich ihn wollte oder nicht.

Dies alles ist mir nicht dauernd bewusst, oh Herr, aber es ist in mir vorhanden und beeinflusst meist unbemerkt meinen Umgang mit Dingen und Vorgängen mit. Das merke ich beispielsweise sofort, wenn jemand einen Gegenstand, den ich sonst kaum beachte, so behandelt, dass er beschädigt werden könnte. Dann fällt mir sofort ein: „Den (beispielsweise einen ramponierten Stoffhund) hat mir meine Großmutter vor so und so vielen Jahren geschenkt, den habe ich als Kind sehr geliebt und ich mag ihn noch heute. Und die Erinnerungen, die mit ihm verbunden sind, bedeuten mir immer noch viel. Sei bitte vorsichtig!"

Ich besitze also auch einen Über-blick über die Geschichte der Bedeutungen und der damit verbundenen Gefühle von beispielsweise: mich umgebenden Personen, Gegenständen und auch von ablaufenden Vorgängen. Dadurch - oh Herr und Gott allen Daseins: gestern, heute und auch morgen – dadurch bekommt alles um mich herum eine historisch-zeitliche Tiefe des „Gewachsenseins", auch der gewachsenen Gefühle. Vielleicht entsteht dadurch eine weitere „geistige Dimensionalität"

Verallgemeinernd, oh Herr, kann ich sagen: Überblick braucht eine höhere Dimension als die zu überblickende Dimension darstellt.
Höhere Dimensionen überblicken der niedrigeren.

Aus dem Überblick werden größere Beziehungen und Zusammenhänge deutlich und verstehbar. In der Nähe erkenne ich die kleinen Zusammenhänge, aber das Ganze überblickend schafft eine neue Weite des Verstehens.
Daher wage ich, oh Herr des Daseins, eine kühne Überlegung: ist das Sinn-Empfinden vielleicht noch einmal eine höhere Di-

mension als das Überblicken von mehreren parallelen Ereignissen? Ich könnte es mir jedenfalls vorstellen. Vielleicht reicht diese Dimension schon nahe, oh Herr, an Deinen unbegrenzten Geist, heran. Mit dem Sinn-Empfinden kann ich alle Wahrnehmungen meinem Daseins-Sinn zuordnen und einordnen, bekomme ich den Überblick über den Sinn meines Lebens.

Vielleicht, oh Herr, ist ja das Sinn-Empfinden selbst noch einmal in unterschiedliche Dimensionen eingeteilt: vom Sinn einer kleinen alltäglichen Handlung, die sich letzten Endes aber vom großen, vom letzten Daseins-Sinn ableiten lässt.

Wer den Daseins-Sinn auf großer überblickender Ebene ganz verliert, ist entweder verloren, oder er muss sich nach anderen Menschen und ihren Meinungen richten. Das tun wir alle mehr oder weniger in vielen Fragen. Müssten wir alles selbst in den Sinn einordnen, kämen wir wohl nicht mehr viel zu anderen Tätigkeiten. Doch es ist gut, oh Herr, dass Du uns die Möglichkeit geschenkt hast, dass wir uns immer wieder einmal „zurück lehnen", und unser Leben und Dasein aus der Weite überblicken können. Wenn wir in die Weite schauen und uns selbst darin mit wahrnehmen, dann können wir uns mit unserem Daseins-Sinn besser verstehen und erleben.

Bewusstsein

Ein Roboter kann sich selbst berechnen, selbst versorgen (beispielsweise mit Strom aus der Steckdose, die er aufsucht), und er kann sich berechnend mit der Außenwelt verbinden. Das ist aber dennoch, meiner Meinung nach, oh Herr, kein Bewusstsein, es ist reine Berechnung und Steuerung nach Rechen-Ergebnissen. Da besteht kein wirklicher Unterschied zwischen der Berechnung von Dingen außerhalb des Roboters und der Berechnung seiner eigenen Maße, Größenwerte, Bewegungs-Werte und so weiter. Und er handelt einfach errechneten Werten entsprechend, falls ihm programmiert wurde, auf diese aktiv zu reagieren. Doch „bewusst" ist ihm das meiner Ansicht nach nicht. Es ist ein abstraktes Daten-Verwerten und ein abstraktes, gefühlloses, errechnetes und fortlaufend berechnetes Handeln.

Doch indem unser Geist, oh Herr und mein Gott, sich mit dem Daseins-Sinn, der von Dir ausgeht, verbinden kann, so ist es mir möglich, mich selbst in der Weite des Daseins wahr-zunehmen. Ich kann dann, so empfinde ich es, Deine Liebe zur gesamten Schöpfung bewusst oder unbewusst spüren und erlebe mich selbst als Teil dieser Schöpfung, als gewollt und sinnvoll.

Diese Erfahrung, dass ich selbst im Dasein gewollt und bejaht bin, dass es ein Ur-bejahen von Dir oh Gott, gibt, diese Erfahrung kann mir innerlich auch das Bejahen meiner selbst durch mich schenken. Und wenn ich mich selbst bejahen kann, dann gelingt mir dies auch viel leichter bei anderen Menschen.

Diese Selbst-Bejahung aus dem erlebten tiefen Sinn-Empfinden ist nicht arrogant, ist nicht herrschsüchtig, nicht Macht-gierig. Sie ist vielmehr zufrieden mit dem, was mir von Dir, oh Herr und Schöpfer, geschenkt wurde, und zufrieden damit, dass Du mir einen nicht mehr weiter zu hinterfragenden Daseins-Sinn zugedacht hast – aus Deiner Liebe zu mir heraus, mein Herr und mein Gott.

Heute wird so viel von Selbstbewusstsein gesprochen. Doch bleibe ich nicht schrecklich öde und allein, wenn mein Selbstbewusstsein sich nur auf mich selbst stützt? Wenn es sich allerdings schon etwas erweitert auf die Anerkennung anderer bezieht, dann ist dies schon ein Hinweis, dass ich mich vielleicht im Rahmen des tiefer liegenden Sinnvollen bewege. Aber ich bleibe dabei abhängig von der Anerkennung anderer und somit ihnen gewissermaßen ausgeliefert. Und dann kann es geschehen, dass ich wenig Sinnvolles anstrebe, nur weil es mir äußerliche Anerkennung beschert. Hier bin ich dann vielleicht auf einem Irrweg, wenn ich das tiefere Sinn-Empfinden nicht mehr selbst spüren kann.

Meiner Ansicht nach, oh mein Gott und Sinn-Geber, kann das Erleben von tiefem Daseins-Sinn, von letztendlichem Bejaht-Sein, eine innere Einstellung der Bereitschaft zu dienen wecken. Gibt es denn etwas Schöneres, als mit dem tiefen Daseins-Sinn in Gleichklang zu leben?

Die Schwierigkeit unseres Daseins ist allerdings, dass wir nicht immer den freien Zugang zu unserem Daseins-Sinn finden. Die

vielen Kleinigkeiten, die alltäglichen Sorgen und Nöte, die falschen Vorstellungen, die sich immer wieder bei jedem von uns einschleichen, Kränkungen und andere negative Erfahrungen bis hin zum Trauma, können den Blick für die Weite, die Offenheit für den Über-blick verstellen. Sie machen unseren Geist wieder niedrig-dimensionaler, eingeengter.
Es kann manchmal schon helfen, so meine eigene Erfahrung, oh Herr, einen physisch weiten Blick zu suchen (auf einem Berg, am Meer, im Nachthimmel). Und auch zeitlicher Abstand zum immer gleichen Alltag kann Augen öffnen. Früher unternahmen die Menschen dafür oft Wallfahrten. Auch heute ist das wieder mehr „im Kommen", aber die häufigste Form des Abstandnehmens hierzulande ist wohl der Urlaub. Ich bin allerdings der Meinung, oh Herr und Gott, dass ein spirituelles Abstandnehmen, wenn es gut gelingt, tiefer wirkt und länger den Über-blick auf den Sinn im Leben offen hält, als nur andere aber dabei nicht spirituelle Umgebung und Tätigkeit.

Bewusstsein ist anders als Messen und Berechnen bei einem Roboter. Es ist nicht einfach Berechnung meiner Maße und der Bewegungen und der Wirkungen auf die Außenwelt. Auch einprogrammierte Selbsterhaltung wäre nicht Bewusstsein sondern Aktion aus reiner Berechnung .
Bewusstsein ist gefühltes, bejahendes Erkennen und Erkanntwerden. Das Ur-Bewusstsein, das glaube ich, oh Herr und Schöpfer des Daseins, das wurde mir von Dir geschenkt und wohnt nun als Verbindung mit dem Göttlichen in mir.

Bewusstsein entsteht eben auch über Gefühle: ich fühle mich als eigenes Wesen, als Wesen zugleich getrennt wie auch verbunden mit allem mich umgebenden Dasein. Und ich spüre durch meine Gefühle in mir meine eigene Daseins-Bejahung, und ich spüre auch, dass ich bejaht bin, dass ich bejaht bin vom Ursprung, von Dir, oh Gott und Herr meines Daseins.
Dass viele Menschen die Daseins-Bejahung und das gefühlsstarke „Leben-wollen" nicht mit Dir, oh Gott und Schöpfer in Verbindung bringen, das bedeutet für mich nicht, dass sie nicht trotzdem so mit Dir verbunden sind. Denn wir erkennen ja nicht

alles, vieles bleibt uns verborgen, und Du, oh Herr, bist für unseren Geist nicht wirklich fassbar.
So ist es nur natürlich, dass wir unsere Daseins-Bejahung nicht unbedingt mit Dir in Zusammenhang bringen. Außerdem beschreiben ja unterschiedliche Religionen und spirituelle Wege den Zusammenhang zwischen Mensch und dem Allumfassenden, auch unterschiedlich, auch wenn sie – so vermute ich – das Gleiche meinen. Und die „aufgeklärte" Weltsicht kommt sowieso mit Dir, oh Gott, nicht so gut zurecht und verdrängt lieber die Verbindung unseres Geistes mit Dir, oh barmherziger und allumfassender Gott.
Denn, wo Du oh Gott, nur als theoretisches Konzept verstanden wirst, und wo die innere Begegnung mit Dir noch nicht bewusst oder schon vertrocknet ist, da wirst Du unheimlich und bedrohlich. Denn mit solch einem abstrahierten Konzept können Deine Liebe und Barmherzigkeit nicht mehr erlebt werden. Sie stehen zwar „auf dem Papier", auf dem Du als Konzept beschrieben wirst, sie sind aber keine gefühlte, keine erlebte Erfahrung mehr. Sie erfüllen das Bewusstsein nicht mehr bewusst.
Doch wenn ich mich auf Deine Liebe hin öffne, dann kann mein Bewusstsein durch Dich weit und offen werden.

Gefühl und Erleben

Was aber, oh Herr, verbindet unseren Geist mit dem Daseins-Sinn, so dass wir Sinn erleben können?
Ich glaube, es sind die Gefühle. Das bejahende Sinn-Empfinden ist dabei das allumfassendste meiner mir möglichen Gefühls-Empfindungen. Und entspringt der Daseins-Sinn, den ich erlebe, nicht im Grunde Deiner Liebe zur Schöpfung, oh mein Herr und mein Gott – entspringt er nicht Deiner Liebe, die ich wiederum mit Daseins-Bejahung und der Fähigkeit zu lieben beantworten und weiter geben kann? Ich glaube, das ist so.
Und ist nicht, oh Gott, der Du die Liebe bist, ist nicht die Liebe auch zuallererst ein Gefühl, ein Gefühl, das dann natürlich auch das Denken mit einbeziehen und nutzbar machen sollte (außer vielleicht in einer ersten partnerschaftlichen Verliebtheit...)?
Aber Liebe ohne Fühlen – das wäre für mich, oh Herr und Gott

nicht vorstellbar.

Ich vermute, oh mein Gott, dass die Gefühle viel zu lange zu gering geschätzt wurden. Das logische Denken, und wie viel damit alles erreicht werden konnte, das hat uns selbst sehr beeindruckt. So fördern wir seit langem das logische Denken in Schulen und Universitäten. Und wir tun dies, obwohl auch wir Menschen unser Verhalten – wie die Psychologie inzwischen feststellt – sehr stark nach unseren Gefühlen ausrichten, auch wenn wir uns dessen oft gar nicht bewusst sind.

Gefühle, so mein Eindruck oh Herr, sah und sieht man teilweise auch heute noch oft vor allem als Störfaktor, als einen Einfluss, der mich daran hindert, zu tun, was mir logisch richtig erscheint, oder was die Moral fordert. Im Christentum wurden zeitweise so manche natürliche Gefühle (besonders im erotischen Bereich) stark verteufelt und bekämpft. Allerdings gibt es natürlich auch zerstörerische Gefühle – insofern ist eine kritische Betrachtung der eigenen Gefühle durchaus manchmal sinnvoll. Aber Gefühle grundsätzlich abschätzig und als minderwertigen Anteil des Geistes zu bewerten, erscheint mir sehr fehlgeleitet.

Die KI hält uns hier den Spiegel vor: worauf wir besonders stolz waren: logisches Differenzieren und isolierendes Denken, das verrichten nun Maschinen oft effizienter als wir selbst. Wirklich auch dankbar können wir für unser fühlendes Erleben, und für die Fähigkeit zu lieben und geliebt zu werden sein. Diese Eigenschaften erweisen sich nun als besonders wertvolles Juwel des Daseins, oh mein Herr und mein Gott.

Doch beides – logisches Denken und fühlendes Sinnempfinden sind uns von Dir, oh Schöpfer-Gott, geschenkt. Ich denke, das Besondere, was uns Menschen ausmacht, ist, dass wir abstraktes, isolierendes, von unten aufbauendes logisches Denken mit dem Fühlen und dem von oben Überblick gewinnenden Sinn-Empfinden verbinden können. Dabei bleibt uns die riesige Herausforderung, beides gut miteinander zusammen wirken zu lassen, und nicht das Eine um des Anderen willen zu vernachlässigen. Mögest Du, oh Herr und barmherziger Gott, uns dazu mit Deiner Hilfe beistehen, gerade in unseren verwickelten modernen Zeiten.

Gefühle sind ausgedehnt, sie überschauen Zeiträume. Ein einziger Zeit-Punkt würde kein Gefühl hervorrufen. Selbst, wenn ich ein Foto betrachte, verbinde ich mit dem Dargestellten Zusammenhänge, die in Zeit-Räume hineinreichen.

Gefühle entwickeln sich nicht durch einzelne „Jetzt-Zeit-Punkten", so wie es die 3-dimensionale physische Körperwelt tut, sondern Gefühle reichen bereits im Hier und Jetzt in die Tiefen der Zeiten, sie entstehen bei Erinnerungen an Vergangenes, oder sie bilden sich mit Erwartungen an die Zukunft. Das können Ängste und Sorgen sein, oder Hoffnungen und Vorfreude, und vieles andere mehr.

Das deutsche Wort „Gefühle" und das englische „feelings", sie werden beide, oh Herr, lang gezogen ausgesprochen. Und so wie diese Worte gedehnt klingen, so dehnen sich Gefühle in die Zeit hinein aus und er-leben innerlich die vorgestellten Ereignisse.

Denken kann ich nur mir bekannte Einheiten, Gegenstände, Pläne und so weiter. Aber ahnen, oh Herr des Unfassbaren, kann ich die Fülle der Möglichkeiten.

Gefühle, oh mein Herr und mein Gott, erlebe ich so, dass sie das Dasein von oben, also über-blickend wahr-nehmen. Berechnungen bauen die Konstruktionen von unten, vom kleinen Einzelnen zählend und berechnend auf.
Habe ich einen Über-blick, oh Herr, so kann ich den sinnvollen Zusammenhang erkennen, begreife ich, was auf das große Ganze hin gesehen Sinn macht. Aber ich kann dabei hinderliche Kleinigkeiten übersehen. So können mit Gefühlen nicht verwirklichbare Traum-Welten entstehen. Gefühle können sowohl mit Angst besetzte unrealistische Horror-Szenarien aufsteigen lassen, als auch wunderschöne Wunsch-Träume.
Ein gesunder Geist wird noch denkend und im Einzelnen prüfend erkennen, was ist möglich und was gehört zur reinen Fan-

tasie. Allerdings ist diese Unterscheidung in vielen Bereichen, oh mein Herr und mein Gott, leider nicht immer ganz einfach. Wenn Fehl-Versuche im nicht-gefährlichen Bereich scheitern, mag dies eine interessante Lebens-Erfahrung sein. Erreichen die Versuche allerdings gefährliche Ebenen, dann kann es zerstörerisch werden.

So frage ich mich, oh Herr: es gibt heute „großartige" Wunsch-Träume, die so manche Menschen träumen, darunter manche mit großen Finanzmitteln für Investitionen. Diese Wunsch-Träume kreisen um das Thema, nahezu alles auf der Erde (und vielleicht in Zukunft auf anderen Planeten) beherrschen zu können und damit endlich Leiden und Sterblichkeit zu beenden. Doch können diese Wunsch-Träume zusammen mit großen Finanzmitteln nicht vorschnell zum Einsatz von Techniken führen, die in ihrer Wirkung noch gar nicht absehbar sind? Steckt in diesem Streben vielleicht sogar der alte Wunsch von Adam und Eva „gottgleich" zu werden? Dieser hochmütige Wunsch – wird er sich, oh Gott, beim Versuch, ihn zu erfüllen, teuflisch auswirken?

Umgekehrt haben Wunsch-Träume, für uns oh Herr, so manches möglich gemacht, das wir heute sehr zu schätzen wissen. Das sollte nicht übersehen werden. Auch sind Wunsch-Träume und Hoffnungen oft ein großes Lebens-Elixier.

Gefährlich wird es eben nur, oh Gott der Weite, wenn die Umsetzung zu sehr lockt (oder durch den globalen Wettbewerb als „wirtschaftlich notwendig" zusätzlich befeuert wird), und die Ruhe zum weit-räumigen Überlegen und zum gelassenen darüber-Nachsinnen nicht mehr vorhanden ist. Denn ein sehr starkes Gefühl, ein sehr intensiver Wunsch-Traum kann den Überblick verlieren, indem er andere, nämlich warnende Gefühle, ausblendet und damit den Gesamt-Überblick, den Bezug zum tieferen Daseins-Sinn verliert. Damit werden antreibende Gefühle auf kleinlichere Ebenen reduziert. Es sind dann zwar in der Intensität sehr starke und antreibende Gefühle, aber sie haben nicht mehr den weiten Blick für die ganz großen Zusammenhänge.

Das übermäßig starke Wunsch-Gefühl, das sein Ziel schnell erreichen will, oh Herr, kann aber auch, so meine Wahrnehmung, die Beziehung zu unerwünschten - weil störenden - analytischen Bereichen des Geistes behindern. Dann wird den aufgereizten Gefühlen freien Lauf gelassen, ohne vorher sachlich die Möglichkeiten und Wirkungen ausreichend kritisch zu überprüfen. Das kann beispielsweise paradoxerweise (da eigentlich Wunsch-Traum-gesteuert) bedeuten, dass riesige Mengen von Geldern in Künstliche Intelligenz oder Genforschung gesteckt werden und anschließend daraus entwickelte Produkte möglichst schnell (vor der Konkurrenz) auf den Markt gebracht werden, ohne dass umfangreichere Erfahrungs-Werte vorliegen.

Reines Handeln nur aufgrund von Berechnungen hat keinen Bezug zum Daseins-Sinn, zu Gefühlen und zum Erleben. Es sei denn, der Mensch hinter den Berechnungen, also der oder die Menschen, welche die Berechnungen veranlassen, sehen diesen Zusammenhang - was derzeit, zum Glück oh Herr, noch meist der Fall ist. Ob es mit zunehmend eigenständig handelnder KI so bleiben wird?

Wenn Rechner auf irgend einer Ebene Gefühle entwickeln sollten, dann kann ich mir das nur in den Elektronen des Stromflusses vorstellen, die Hardware ist ja fest, Gefühle aber sind „bewegt". Aber die Elektronen müssen sich nach einem von Menschen erdachten abstrakten binären System richten. Werden sie da jemals ihr „Wollen" (zum Plus-Pol zu fließen) mit der binären Information in Verbindung bringen können? Ich bezweifle es sehr. Und dann: nach welchem obersten Sinn würden sie sich ausrichten – nach einem von Menschen eingegebenen? Warum sollten sie? Weil sie keinen anderen kennen? Oder könnten sie sich mit Dir, oh Gott, verbinden? Das erscheint mir alles nicht völlig unmöglich, aber doch sehr unwahrscheinlich. Wie sollte ein Rechner einen Überblick aus dem Sinn heraus erleben – außer dem einzigen ihm zugeteilten Sinn, durch die Elektronen den Plus-Pol zu suchen.

Aber, oh Herr und mein Gott, je komplexer und vernetzter die „Berechnungs-Gebäude", die Konstrukte und Rechner-Modelle sich entwickeln, desto schwieriger kann es werden, die Gesamt-Wirkung - also alle Auswirkungen - durch den menschlichen Geist mit dem Daseins-Sinn in Verbindung zu bringen. Die beabsichtigten End-Wirkungen können natürlich im Zusammenhang mit dem Sinn-Erleben und auch mit Wunsch-Träumen betrachtet werden.

Aber die ganzen Auswirkungen, oh mein Herr und Gott, die gesamten Auswirkungen der abstrakten Vorgänge werden immer schwieriger „mit Herz und Verstand" verstehbar. Das zeigt sich beispielsweise bei den sehr abstrakten Finanzmärkten, die nur noch ein kleiner Teil der Menschen etwas besser versteht. Oder wir können oft kaum mehr unterscheiden, welche Texte im Internet von Bots ganz oder teilweise geschrieben wurden und welche Texte noch vollständig von Menschen stammen.

Geld ist ein sehr offensichtliches Beispiel für die Auswirkungen von abstrakten, „gefühllos" berechneten Werten (wobei beim Käufer wieder Gefühle ins Spiel kommen).

Durch den abstrakten Geldwert, oh Herr, sind wir in der Lage, Waren zu „tauschen" (und damit auch die Leistungen der Herstellung), von denen wir überhaupt nicht wissen, wie sie produziert werden.

Es würde unseren Geist, oh Herr und Gott der Schöpfungs-Freiheit, heutzutage völlig überfordern, wenn wir alle Arbeitsgänge mit erleben würden, die ein Produkt durchläuft. Man denke nur einmal an all die Notwendigkeiten der Herstellung und Arbeit für unsere täglichen Lebensmittel (Anbau, Dünger, Pflanzenschutz, Transport-Logistik, Lagerhaltung, Handel, Gesetze und so vieles mehr hängen inzwischen an diesen Lebensmitteln). So ist es sehr nützlich, dass das Geld den Wert abstrahiert und mit Zahlen-Größen Waren und Dienstleistungen austauschbar macht.

Dabei aber, oh Herr, „befreien" wir uns auch von unguten Gefühlen, die wir erleben würden, wenn wir mit ansehen müssten, wie Menschen und Böden, Natur und ökologische Zusammenhänge, oder zuvor gut funktionierende Gesellschaften durch unsere Einkäufe, durch den von uns mitbewirkten Geld-Fluss, geschädigt werden und bisweilen vielfaches Leid entsteht.

Allerdings erleben wir auch nicht mehr die gute Seite unseres Geld-Ausgebens, sehen nicht, dass auf der anderen Seite des Warenflusses Menschen „Geld verdienen" und sich damit ebenfalls wieder etwas leisten können, was sie notwendig brauchen oder sich auch nur wünschen.

Der abstrakte Geld-Wert vermindert das Mit-Erleben unserer Daseins-Zusammenhänge inzwischen in großem Maße. Ebenfalls durch die Abstraktheit des Geldes ist es möglich, oh Gott, dass Reichtum in unglaublicher Höhe angehäuft werden kann. Solch ein Reichtum könnte durch eigener Hände Arbeit (und Leistungen des Denkens und Organisierens) nie erzielt werden. Aber abstrakte Werte können sogar alleine durch Spekulation und abstrakte Börsen-Algorithmen auf immer weniger Personen oder Unternehmen konzentriert werden. Unternehmen und Staaten (und einige reiche Personen) sind durch Geld-Anhäufung in der Lage, Projekte von gigantischen Ausmaßen zu verwirklichen. Ob diese Projekte sinnvoll sind oder nicht, das bleibt alleine durch die eingesetzte Geldmenge noch völlig offen.

Geld ermöglicht es uns auch, oh Herr, die Linderung von Leid auf abstraktere Ebenen zu verschieben. Wir müssen in vielen Fällen von Not nicht mehr die Familie oder einen uns zugewandten und hilfsbereiten Mitmenschen um Hilfe bitten, sondern wir können Hilfe durch den Staat oder über Versicherungen beantragen. Zwar helfen uns dann oftmals auch wieder Menschen – aber nicht deshalb, weil sie uns so sehr lieben, sondern für Bezahlung. Die helfende Dienstleistung ist somit abstrakt verrechenbar. Dass viele Menschen ihre hilfreiche Arbeit gerne machen und ihre „Kunden" auch mögen und mit ihnen empfinden, das, oh Herr, ist glücklicherweise noch der Fall. Doch schon denkt man wegen dem Fachkräftemangel daran, Menschen zumindest teilweise durch Roboter zu ersetzen. Nun, wahrscheinlich ist ein Roboter, der Menschen versorgt immer noch besser, als einen pflegebedürftigen Menschen elend unversorgt verhungern und verdursten zu lassen. Aber noch ist es offen, oh Herr, der Du unsere Seele kennst, ob es nicht Menschen gibt, die im Alter lieber ohne Fürsorge langsam sterben, als dass sie von einer Maschine ohne Gefühle betreut werden. Solange dennoch auch Menschen sich um hilflose Menschen kümmern, mag die Robotik sinnvoll sein – aber ob sie es noch

ist, wenn ein Mensch Tag für Tag ganz alleine nur noch Robotern gegenüber stehen würde?
Auch die Gesetzgebung würde ich, oh Herr, im Wesentlichen als abstrakt bezeichnen. Das hat erkennbare Vor- und Nachteile. Der Richter, der den zu Verurteilenden und seine Lebensumstände nicht aus persönlicher Erfahrung kennt, ist gefühlsmäßig nicht so stark beeinflussbar. Andererseits können unter Berufung auf das Gesetz auch falsche und vor allem auch sehr unbarmherzige Urteile gesprochen werden. Solche Urteile würden vielleicht nahestehende Menschen, die den Verurteilten persönlich kennen, nie akzeptieren, selbst wenn sie auf der Klägerseite stünden (oder in manchen Fällen wären sie womöglich noch grausamer). Gleiches gilt für die Objektivität einem Kläger gegenüber. Wer den Kläger nicht kennt, kann seine Argumente ziemlich sachlich beurteilen. Aber er erlebt dabei natürlich nicht selbst dessen Schicksal „hautnah" mit. Das kann dazu führen, oh mein Herr und Gott, dass die Schwere der Klage in ihrer Tiefe nicht verstanden wird, oder dass umgekehrt dem Kläger mehr wieder gut zu machendes Leid zugesprochen wird, als er tatsächlich erlitten hat (beispielsweise weil er gut dramatisieren konnte). Bei Projekten und Genehmigungen kann das Gesetz manchmal blind sein für die Schwere von Folgen, die Menschen dann in ihrem gefühlten Dasein sehr stark beeinträchtigen.
Auch Politiker, die Gesetze verabschieden, sind bisweilen ahnungslos, welche Wirkungen sie damit auslösen.
Aber nicht selten, das muss hier auch gesagt werden, sieht die abstrakte Betrachtungsweise auch klarer als die oft unsachlichere gefühlsbetonte Anschauung. Schwierig, oh Herr und gerechter allwissender Gott, ist es für jegliche menschliche Beurteilung immer, wenn es um die Einschätzung von Gefühlen anderer geht. Täuscht der andere etwas vor – oder ist er im Gegenteil sogar gehemmt und spielt vieles herunter? Kann der Urteilende die Gefühle überhaupt verstehen? Diese Fragen werden nicht immer gerecht zu beurteilen sein, weder sachlich noch mitfühlend.
So ist die teilweise Abstraktheit der Gesetzgebung zugleich

wirklich hilfreich, kann aber in manchen Fällen sehr kurzsichtig und unbarmherzig urteilen. Dieser Konflikt wird vermutlich nie aufzulösen sein. Es wäre meiner Ansicht nach, oh Herr, vor allem wichtig, ein gutes Gleichgewicht zu finden, zwischen Urteilen durch die Gesetzgebung und dem persönlichen, gefühlsbetonteren Miteinander-Umgehen. Derzeit erscheint es jedenfalls mir so, oh mein Herr und Gott, als würden abstrakte Bürokratie und Richterbeschlüsse ein zu starkes Übergewicht bekommen. Aber ich bin mit diesem Thema nicht genug vertraut, um mich wirklich gut dazu äußern zu können.
Schwerwiegend ist in meinen Augen, oh Herr, das in modernen Kriegen fehlende eigene gefühlsmäßige Erleben der Leiden auf Seiten der Feinde. In einem heutigen Krieg erfahren die an der Front stehenden Soldaten und die Bewohner eines Landes (diese durch die Medien) ihre Kriegserfolge vor allem als etwas, das sie dem Sieg näher bringt. Sie sehen weniger von dem Leiden, das ihre hochtechnisierten Angriffe dem Gegenüber bringen. Besonders die Soldaten erleben das Leiden, das die Feindpartei bei ihnen und in ihrem Land verursacht, ganz drastisch, sie stehen aber oft zu weit weg von der Zerstörung, die sie selbst anrichten, um das Leid auf der gegnerischen Seite mitempfinden zu können.
Dadurch, oh Herr, denke ich, entsteht ein emotionales Ungleichgewicht: das eigene Leiden wird schwerwiegend und grausam erlebt, während das Leiden des Feindes eher abstrakt bleibt. Das schürt den Hass und den Vergeltungs-Willen.

Das Internet ist weniger abstrakt als vielmehr häufig illusionär und laut die Gefühle „aufpeitschend". Und es dient seit einiger Zeit ganz häufig, – oft gar nicht erkenntlich – dem Kommerz. Ich sehe darin inzwischen, oh Herr, auch eine große „Meinungsbildungs-Maschinerie", die mit scheinbar „großen" Gefühlen ständige Aufmerksamkeit und Klicks zu erzeugen versucht.
Natürlich gibt es auch unkommerzielle oder auch nützliche kommerzielle Seiten. Aber meinem Eindruck nach - oh Herr, der Du mit allem was ist vernetzt und sogar liebend verbunden bist - überwuchern Kommerz und schrille Gefühls-Botschaften

immer mehr die ruhigen, gelassenen Mitteilungen und die soliden, etwas bescheidener auftretenden Informationen. Viele Fake-Mittteilungen verunsichern zusätzlich, machen auch wahre Mitteilungen für den User zweifelhaft. Ich bin seit Mitte der 1990er Jahre im Internet und habe die Veränderungen miterlebt. Ich kannte es noch ohne Bilder und Videos, nur mit Texten, ohne Shops, ohne Viren, ohne Spiele und ohne Google (Lycos war damals eine neue Suchmaschine, die ich erst nach einer Weile benutzte). Ich wende mich inzwischen immer mehr von vielen Bereichen des Internets ab, oh Herr, da mir so vieles nicht mehr überprüfbar und zu schrill erscheint. Mein Geist - oh Herr der weiten Gelassenheit - findet in vielen Bereichen des Internets nicht mehr die Ruhe, um Informationen in einem größeren Zusammenhang anzuschauen und wirken zu lassen.

Dennoch ist das Internet immer noch auch für mich eine Informationsquelle, die ich nicht mehr missen möchte. Zahlen wir einen zu hohen Preis für diese Möglichkeiten? Ich weiß es nicht. Die Zukunft wird es zeigen.

Erwähnen möchte ich, oh Herr, noch eine Eigenschaft der Gefühle, die uns, so glaube ich, selten bewusst ist. Wir erleben diese Eigenschaft manchmal als „widerstreitende Gefühle", Gefühle die wir gleichzeitig spüren, die uns aber in unterschiedliche Richtungen lenken wollen (beispielsweise, wenn ich eine Diät mache, aber auch gerade Lust auf eine kalorienreiche Mahlzeit habe).
Doch wir erleben eigentlich fast ständig mehrere Gefühle gleichzeitig, die ineinander verschachtelt sind. Diese Gefühls-Vielfalt wird meiner Ansicht nach, oh Herr, vom obersten Gefühl, dessen ich mir bewusst bin, belebt und ausgerichtet. Letzten Endes sollte dieses oberste Gefühl das tiefste, das „Ur-Sinn-Empfinden" sein, die Wahrnehmung des Daseins-Sinns, der letzten Endes von Dir, oh Gott und Allherrscher, uns zukommt.
Das muss nicht bewusst geschehen, dafür hätte unser Bewusstsein gar nicht immer die Zeit. Aber unterbewusst, vermute ich, oh Herr, kann es tatsächlich einen ständigen Strom der Ausrich-

tung der Gefühle auf den gespürten, in mir wirkenden Ur-Daseins-Sinn geben.
Doch kann ich diese Ausrichtung auch blockieren, indem ich mich dieser widersetze und etwas anderes für wichtiger ansehe. Das kann beispielsweise durch äußere Einflüsse wie Vorleben oder Meinungsmache, Drohungen oder Verlockungen geschehen.
Ich möchte noch ein ganz banales Beispiel für „ineinandergeschachtelte Gefühle" geben:

Rita hat Urlaub und möchte zum Flughafen, um den Flug in ihr Feriengebiet noch zu erreichen.
Sie freut sich auf den Urlaub.
Aber durch einen kleinen Zwischenfall ist sie verspätet, es wird knapp mit der Zeit. Sie steht an der Ampel, und die ist gerade rot geworden.
Sie wird sehr unruhig, ob sie den Flug noch erreichen kann.
Doch sie sieht ein Taxi heranfahren.
Die Unruhe mischt sich mit Hoffnung, ob sie das Taxi zum Flughafen mitnimmt.
Nun, als sie ins Taxi steigt ist alles gut....

Rita hat aber mindestens zeitweise 3 Gefühle gleichzeitig erlebt: Vorfreude auf den Urlaub, Angst den Flug zu verpassen, und Hoffnung, dass das Taxi halten möge. Dabei war das „Obergefühl" die Vorfreude auf den Urlaub. Nur deswegen war sie so beunruhigt, als sie sich verspätete, und wiederum wegen der Vorfreude und der Beunruhigung hat sie gehofft, das Taxi möge halten. Das haltende Taxi hat dann die Angst vor der Verspätung aufgelöst und die Vorfreude wieder mehr bewusst gemacht.
Der hinter all diesen Gefühlen stehende Sinn war: sie wollte entspannen, sich der Weite und Zeitfreiheit öffnen, wollte im Urlaub ihr Leben von einer anderen Perspektive überblicken. Weil sie sich darauf freute, erlebte sie auch die anderen untergeordneteren Gefühle. Die untergeordneten Gefühle konnten aber momentan trotzdem - obwohl sie untergeordnet waren - zeitweise im Bewusstsein vordergründig am intensivsten gewesen

sein (diese panischen Gefühle konnten ja auch noch etwas bewirken, hätte die Vorfreude überwogen, wäre Rita vielleicht zu trödelig gewesen und hätte den Flug tatsächlich verpasst). Der Urlaub kann dann gerade dazu dienen, das Bewusstsein von den vielen kleinen alltäglichen Gefühlen der Notwendigkeiten freizuschaufeln, und das ursprüngliche Sinn-Empfinden wieder bewusst wahrnehmen und erleben zu können.

Unsere Gefühle sind ein verwobenes Wunderwerk, oh Herr und alles umfassender Schöpfer-Geist. Ich danke Dir dafür, dass ich und wir Menschen alle, fühlen, empfinden und erleben dürfen. Amen.

Empfinden von Schönheit

Die sich selbst überlassene Natur, oh Herr, die ist in meinen Augen schön. Sie kann dabei grausam, schrecklich, furchteinflößend sein – aber sie behält dabei ihre tiefe Schönheit. Ein gefährlicher Vulkan-Ausbruch ist nicht hässlich, sondern hat eine schreckliche Schönheit, Löwen, die ein gerissenes Tier fressen, wirken auf mich nicht abstoßend.
Aber Menschenwerke können hässlich werden, vor allem, wenn sie ungepflegt oder verworfen sind.
Die Natur „verwirft" nichts, alles was verfällt findet wieder ein Lebewesen, das es benutzen kann. Unsere Menschenwerke aber sind oft nur noch zum Wegwerfen zu gebrauchen. Müll, der herumliegt, oh Herr, wirkt auf mich abstoßend und hässlich und nicht „dazu gehörig". Er spiegelt unseren rücksichtslosen Umgang mit der Schöpfung, der der Natur fremd ist.

Natur ist auch meistens nicht viereckig aufgebaut, so wie unsere technischen Produkte, sondern Natur, oh Herr, das empfinde ich so, ist von einer lebendigen und oft „kurvigen" und großzügig geschwungenen Schönheit.
Dabei zeigen die Formen der Natur Unterbrechungen oder kleine Umgestaltungen der vorgesehenen Form. Aber Abweichungen von der „Normform" wirken meist gar nicht fehlerhaft, sondern im Gegenteil, oh Herr, lebendig und abwechslungs-

reich.

In Japan ist man übrigens seit alters her dazu übergegangen, Kunstwerke oder Bauwerke bewusst ein klein wenig fehlerhaft zu gestalten. Dies ist für das japanische Auge natürlicher und damit schöner. Ich kann das, oh Herr und Meister der abwechslungsreichen Vielfalt, gut nachvollziehen.

Die Natur ist überhaupt eine grandiose Meisterin der Vielfalt des Gleichen. So besitzt ein Ahornbaum Blätter, die eben typisch sind für einen Ahorn-Baum. Aber jedes Blatt sieht ein klein wenig anders aus, ist von allen anderen Blättern unterscheidbar. Auch wir Menschen unterscheiden uns ja deutlich, aber wir stammen auch immer von zwei Eltern und nicht von einem Elternteil ab. Aber die Blätter eines Baumes stammen alle vom gleichen Baum, und trotzdem sind sie individuell. Die Natur versteht die Kunst, sowohl viele Erscheinungen unter ein gleiches, deutlich erkennbares Formprinzip zu stellen, als auch dabei gleichzeitig jede einzelne der Erscheinungen deutlich erkennbar zu variieren. Man möge sich das einmal bei industriell gefertigten Massen-Waren vorstellen - und Blätter sind für einen Baum oder einen Wald „Massen-Ware" - aber doch stets individuell gewachsen.

Natur schafft es in meinen Augen auch des öfteren, oh Herr der Freuden, verspielt wirkende Schönheit hervorzubringen. Dies geschieht beispielsweise bei Männchen, die balzend Weibchen überzeugen müssen. Dabei hat die Evolution über die Auswahl der Weibchen oft wunderschöne Farbzeichnungen hervorgebracht, man denke nur an die Vögel des Dschungels. Auch der Vogelgesang ist oft wunderbar anzuhören. Und bei den Blüten der Pflanzen war es die Auswahl der Bienen, die herrlich bunte Blumen hervorbrachte. Diese Blütenpracht soll ja die Bienen oder andere Insekten für die Bestäubung anlocken. Und dabei wirken die Blüten sehr schön und heiter. Könnte es sein, dass auch Tiere bei ihrer Wahl das „Schöne" bevorzugen? Wir wissen es nicht – doch wenn wir Menschen Schönheit kennen, warum sollte sie Tieren fremd sein?

Doch was ist Schönheit? Ich glaube, oh Herr und Gott der

Schöpfungs-Freude, sie ist niemals völlig durch Gesetzmäßigkeiten zu beschreiben. Schönheit ist eine betörende Mischung aus einerseits stabiler Strenge und Ordnung und aus andererseits einem Ausdruck von Freiheit und Weite des Geistes der Natur.

Schönheit ist Nahrung für Geist und Seele.

Doch kann auch KI Kunst herstellen, oh Herr? Es gibt schon Bilder, die KI gemalt hat, und ich glaube auch, es gibt längst Musikkompositionen. Und ein gerade neu herausgekommenes online-Programm kann Gedichte schreiben, und das gar nicht so schlecht und auch lustig.

Die KI schaut sich dafür unzählige Bilder (oder Kompositionen oder Gedichte) an und zieht durch Vergleiche Gesetzmäßigkeiten heraus. Nach diesen Gesetzmäßigkeiten formt sie dann neue „Kunstwerke".

Doch geschieht dies ohne innere Beteiligung, ohne Gefühle, nur nach in anderen Bildern häufiger entdeckten Gesetzmäßigkeiten.

Künstler hingegen arbeiten von innen heraus, mit Empfinden, Gefühlen, mit Seele und Intuition. Und sie sind meiner Beobachtung nach, oh Herr, in der Lage, kreativ etwas Neues zu schaffen, für das es eben noch gar keine Vorlagen und Gesetze gibt. Und sie können auch „wild" in einer Art Schaffensrausch gestalten, ohne viel zu überlegen (während andere wieder ganz genau alles konzentriert gestalten – es gibt so viele unterschiedliche Möglichkeiten).

Gibt es einen grundsätzlichen Unterschied, oh mein Herr und mein Gott, ob ein Rechner ein gescanntes Bild auf einem Monitor darstellt, oder ob er nach beobachteten Gesetzen ein Bild gestaltet? In beiden Fällen wird berechnet, wohin welche Farbpunkte zu setzen sind.

Aber bei der „Eigengestaltung" durch die KI fallen künstlerisch einmalige Gestaltungen durch das Raster, da die KI ja nach Gesetzmäßigkeiten und nicht nach Einmaligem sucht. Sie kann aber vielleicht das „Einmalige" als Gesetzmäßigkeit entdecken – aber wie soll sie es dann, oh Herr, anders als durch Zufall selbst generieren? Bei gescannten und auf dem Monitor abgebildeten Werken sind diese einmaligen Züge des Werkes aber noch zumindest teilweise erhalten. Die Farbe im Monitor ist natürlich nicht mehr die Originalfarbe auf der Leinwand, die gibt es nur einmal. Aber kleine oder größere ungewöhnliche Eigenschaften eines Bildes sind vorhanden.

Bei einem von KI entworfenen und als Daten an den Monitor ausgegebenen Bild aber, da gibt es nur „Kunst nach Gesetzmäßigkeiten" Würde die KI Einmaliges übernehmen, wüsste sie nicht, wie es gut aussehend anzuwenden wäre, sie würde es 1zu 1 in ein fremdes (nämlich ihr Bild) Werk kopieren und dabei riskieren, dass es gar nicht passt.

Aber vielleicht macht es die KI schon wie die alten Japaner - oh Herr und Gott des Humors – und sie baut in ihre Kunstwerke Unregelmäßigkeiten und Fehler ein?

Doch ich bin überzeugt, oh Gott, dass künstlich durch einen Rechner eingebaute Fehler entweder wieder eine gelernte Gesetzmäßigkeit widerspiegeln, oder dass sie völlig zufällig sind, und damit nicht unbedingt etwas mit kreativer Schönheit zu tun haben.

Ein guter Künstler jedoch, der fügt Einmaliges intuitiv auf schöne, ansprechende und lebendige Weise in sein Werk ein.

Ob ich, oh Herr und mein Gott, Kunstwerke, die die KI hergestellt hat, in Zukunft erkennen würde? Ich glaube es nicht. Dazu müsste ich vermutlich erst einmal meinen Blick (oder mein Ohr) lange schulen.

Aber - mein Gott und Quelle aller Schönheit - ich vermute, dass ich mich auf lange Zeit hin mit echten Kunstwerken (oder deren Drucken) wohler fühlen würde, als mit solchen Werken, die die KI geschaffen hätte. Ich wüsste dann nicht, woran es liegt, aber ich glaube, ich würde nach und nach eine abstoßende Langeweile bei der Betrachtung empfinden, etwas Lebendiges würde mir fehlen – auch wenn ich es gar nicht benennen könnte.

Ich vermute fast, oh mein geliebter Herr und Gott, dass unser Schönheits-Empfinden ebenso wie die Gestaltungskraft der Natur mit Deinem Geist, mit dem ursprünglichen Daseins-Sinn und mit der Daseins-Bejahung verbunden sind. KI kann es fast gleich nach-machen, aber es fehlt die vom Künstler hineingelegte und von Dir ihm zufließende Lebendigkeit und Schönheit. Das Schöne ist Dein Werk, oh Herr.

Wollen und Willens-Freiheit

In diesem Kapitel schreibe ich über sehr unterschiedliche Gesichtspunkte, die teilweise nicht so viel miteinander zu tun haben, außer dass sie mit dem Willen in irgendeiner Weise verbunden sind. Daher handhabe ich es hier so, dass bei ich jedem neue Thema eine Leerzeile setze.

Wollen und Willens-Freiheit sind meiner Ansicht nach, oh Herr, schwierig zu fassende Themen. Der abstrakteste Teil steht hier am Anfang, nach dem langen Absatz erscheint dann eine Leerzeile, nach der es weniger abstrakt weiter geht. Wer also den abstrakten Teil nicht lesen möchte, möge hinter dem gleich folgenden Absatz weiter lesen.
Der abstrakte Teil versucht aufzuzeigen (ohne ständig darauf hinzuweisen), dass einem Rechner unsere Sehnsucht nach dem Unendlichen und Ewigen, nach Dir und Deiner Liebe und nach Deiner Daseins-Bejahung, dass dies einem Rechner oh Herr und Gott, nicht vermittelbar ist und somit auch unser tiefster Ursprung für unser Wollen nicht.

In dem abstrakten Teil wird versucht zu klären, woher der „Wille" der KI-Rechner kommen könnte. Dabei wird Energie von mir, oh Herr und Gott aller Kräfte, als eine 1-dimensionale Form von Willen angesehen. Sie ist im Rechner durch die Elektronen zu anwesend, durch die Elektronen, die zum Plus-Pol fließen wollen.
Nur weil die Elektronen und feste Komponenten des Rechners so eindeutig und einlinig in ihrem Wollen sind, kann ein Rechner überhaupt entwickelt und mit einer klaren Zielausrichtung programmiert werden, so zumindest sehe ich es, oh Herr.
Würden negativen Elektronen in ihrem „Wollen" nicht nur stets im Strom zum positiven Pol fließen wollen, und wären sie mit

ihrem Wollen und ihrem Ziel so „wankelmütig" und verschachtelt wie unseres Geistes Wollen und Fühlen, dann gelänge es meiner Meinung nach nicht, oh Herr, auch nur einen einfachsten Rechner zu entwickeln (beispielsweise einen Taschenrechner), geschweige denn hochkomplexe KI-Rechner-Systeme.

Ein Rechner baut meiner Ansicht nach, oh allumfassender Gott, seine Rechnung von unten nach oben auf, von den einfachsten Daten zu komplexen Daten. Für die Zuverlässigkeit der Komplexität ist die eindeutige Zielausrichtung: „Stromfluss zum positiven Pol gesucht" und das dazu passende, vorhersehbare „Wollen" der Elektronen notwendig.

Ein Elektron kann meiner Meinung nach, oh Herr, nicht „freiwillig" einen Umweg nehmen, denn es kann sich nicht plötzlich anders entschließen und auf einmal nicht mehr zum Plus-Pol wollen. Wäre das Elektron freier in seinem Wollen, dann wäre der Rechner nicht mehr zuverlässig. Das Elektron will immer nur eines: zum Plus-Pol. Das Elektron hat keinen „freien Willen" sondern einen eindeutig 1-dimensional gerichteten.

Ich stelle mir es, oh Herr, ungefähr so vor: damit das Elektron auf seinem Weg des Stromflusses abstrakte Rechnungen absolviert, muss es mit Hilfe von fest installierte Leiterplatten und mit gespeicherte Daten durch ein Labyrinth geleitet werden. Dabei kann der Strom teils fließen, teils wird er gehindert. Indem das Elektron als Strom seinen festgelegten Weg vorwärts fließt, kann es codierte abstrakte binäre (Strom fließt/ fließt nicht) Zahlen darstellen und am Ende ein abstraktes binäres Zahlen-Ergebnis als Zahlen-Daten ausgeben.

Ob die Elektronen - oh Gott und Ursprung allen Lebens und allen Wollens - mit ihrem Wollen auch (1-dimensionale?) Freude verbinden können, wenn sie zum Pluspol fließen können, wissen wir Menschen nicht.

Zahlen sind abstrakt. Der Rechner aber ist physisch 3-dimensional. Und so können - so wie ich es verstehe, oh Herr - die abstrakten Zahlen (die ja, wie viel weiter oben schon einmal beschrieben, 1-dimensional sind) zusammen mit dem 1-linigen (1-dimensionalen) Wollen der Elektronen im Roboter wirksam die 3-dimensionale physische Welt verändern.

Ist der Stromfluss der Elektronen vielleicht, oh Herr, eine ganz einfache, einlinige Form der 4-Dimensionalität, die einen Zeit-Raum erfüllt, da der Stromfluss ja Zeit benötigt und dabei im physischen 3-dimensionalen Raum fließt? Energie braucht immer Zeit, um einen Wandel zu bewirken. Ist reine Energie daher grundsätzlich zeitlich 1-dimensional: 1-dimensional, da sie als einfache Energie immer in eine Richtung, auf ein Ziel gerichtet ist, es nur ein räumliches „Wollen" gibt, symbolisierbar durch eine 1-dimensionale Linie? Das Elektron ist gerichtet, möglichst auf direktestem Wege ohne Umwege zum Plus-Pol zu gelangen. Ein anderes Wollen ist für uns jedenfalls nicht erkennbar.

Ist dagegen die Beweglichkeit unseres Geistes in einer viel höheren zeitlichen Dimension verwurzelt als nur in einer einlinigen, eindeutigen 1-Dimensionalität, die nur den Blick auf ein einziges und genau benennbares Ziel hin kennt?

Auch der KI-Rechner kennt, wie wir, inzwischen viele Unter-Ziele – aber sie sind meines Wissens, oh Herr, rechnerisch auf ein eindeutiges (zahlenmäßig benennbares, rechnerisch einprogrammiertes) letztes Ziel ausgerichtet. Die Unter-Ziele des Rechners sind in ihren Berechnungen abhängig vom obersten Ziel und damit gewissermaßen Ziel-eindeutig und Ziel- und Willens-1-dimensional, nur dabei eben über- und untergeordnet. Kann der 4-dimensionale Stromfluss Zahlen in Daten verwandeln, oh Herr, indem er von seiner „schmalen" (weil zeitlich 1-linigen) 4-Dimensionalität die zeitliche Dimension an die Datenspeicher „abgibt" (Zahlen sind ja 1-dimensional) und die Zahlen damit „einfriert", unbeweglich und zeitlos macht? Denn aus dem zeitlichen Geschehen des Stromflusses wird ja durch den Wechsel „Strom fließt" und „Strom fließt nicht" eine 1-dimensionale Zahl, die auf einem 3-dimensionalen physischen Speichergerät festgehalten, also gespeichert werden kann.

Es ist das einlinige, 1-dimensionale Wollen der Elektronen - so mein Eindruck, oh Herr - das dem Rechner die Kraft (Energie) zum Rechnen und zum Steuern schenkt. Und es ist die abstrakte rechnerische Konstruktion, die auf 1-dimensionalen Zahlen aufbaut, welche zusammen mit der festen „Hardware" und den gespeicherten Zahlen-Daten den Stromfluss „organisiert".

Auf der einen Seite im Rechner ist die abstrakte, aber auch 1-

dimensionale und damit völlig zuverlässige „Beweglichkeit" der abstrakten Zahlen („Beweglichkeit" auf einer Größen-Linie durch Zunahme oder Abnahme der Größen mit Addition oder Subtraktion). Zusammen mit eben dieser 1-linigen, 1-dimensionalen Zahlen-Beweglichkeit erlaubt es die dagegen keineswegs abstrakte aber ebenfalls 1-linige, 1-dimensionale Beweglichkeit der Elektronen (auf den Plus-Pol ausgerichteten Beweglichkeit) komplex arbeitende Rechner-Berechnungen auf dem 1-dimensionalen „Willen" der Elektronen aufzubauen.

Aber nirgends kann ich im Rechner, oh mein Herr und mein Gott, einen höheren vielfältigen und „mehrdimensionalen" Willen und ein umfassenderes Gefühl entdecken, als den einlinigen, eindeutigen 1-dimensionalen Willen der Elektronen: den einfachen Willen, den Plus-Pol zu erreichen (und vielleicht den Willen von Hardware und gespeicherten Daten, fest und unverändert zu bleiben).

Ganz anders, oh Herr und Schöpfer der Liebe und des Daseins, sehe ich es beim lebendigen Geist. Dort ist der Wille, verbunden mit dem Gefühl, vielfach in unterschiedliche Richtungen ausgerichtet. Das endgültige Ziel jedoch ist der Daseins-Sinn, der überhaupt nicht rechnerisch darstellbar ist und keine vorhersehbare gerade Linie verfolgt.

Unseren Geist, oh Herr, beschenkst Du reichlich, indem Du uns das umfassende Ja zum Dasein, die Fähigkeit zur Liebe und die Freude am Leben mitgegeben hast.

Ich glaube, oh Herr und Gott, der bejahende Daseins-Sinn unseres Geistes ist mit einer höheren „Dimension" verbunden, mit einer Weite, die mehr Freiheit des Wollens schenken kann. Diese Weite ist mit der Unendlichkeit verwoben. Und daher kann auch unser Wille freier entscheiden. Der Daseins-Sinn ist unser Anteil an Deiner Weite der Unendlichkeit. Wir jedoch müssen die Unendlichkeit noch durch die Endlichkeit des irdischen Daseins begrenzen lassen.

Doch Du, oh Herr und Gott, hast uns bereits die Ahnung und die Sehnsucht nach der unendlichen und beglückenden Weite in unser Herz eingesenkt und uns für das Ewige Leben verheißen.

Aber auch bereits hier auf Erden hast Du uns mit einem Wollen und Sehnen versehen, das uns freier, offener und fühlend wahrnehmend macht.

Du oh Herr, bist die Liebe und hast auch uns Liebes-Fähigkeit geschenkt. Liebe ist nicht in Zahlen ausdrückbar und messbar. Sie zeigt sich in Handlungen, und ist dabei keineswegs stereotyp berechenbar, sondern zeigt sich mit immer wieder neuem, anderem Gesicht. Sie erkennt Situationen im großen Zusammenhang und handelt danach.

Die Liebe hat ein oberstes Ziel, ein Wollen, das keinem Rechner „beigebracht" werden kann: es ist Deine Liebe, oh Herr und Schöpfer allen Daseins, die Weite und Offenheit Deiner Daseins-Bejahung. Diese Deine Liebe erfüllt das ursprüngliche und tiefste Sehnen unseres Geistes und erkennt auch im anderen und in der Schöpfung Dein Bejahen des Daseins.

Der freie Wille, oh Herr, richtet sich nach meiner Ansicht nach dem gefühlten Sinn-Empfinden aus, der Rechner aber nach exakten Rechen-Ergebnissen (oder nach Ergebnissen aus dem Zufalls-Generator) für Zustände und Möglichkeiten in der 3-dimensionalen berechenbaren physischen Körperwelt. Dabei ist er an seine Ergebnisse gebunden.

Das Sinn-Empfinden bildet über den Willen für die 3-dimensionale Jetzt-Wirklichkeit in der Körperwelt ebenfalls geeignete und sinnvolle - und auch durch Algorithmen als „wahrscheinlich" voraus berechenbare - „Entscheidungs—Cluster" (Gruppen von Entscheidungen die zusammen sinnvoll sind). Auch Gefühle auf niedrigerer Ebene lassen sich bei entsprechenden Lebens-Situationen oft mit hoher Wahrscheinlichkeit berechnend voraussagen.

Aber der ganz persönliche gefühlte Ur-Daseins-Sinn entzieht sich der Berechnung anhand von Daten, da er aus einer überschauenden weiten, offenen und Deinen Einfluss des Göttlichen, oh Herr, spürenden und erlebenden Gefühls-Ebene kommt.

Ich wüsste nicht, an welcher Stelle ein Rechner diesen gefühlten Zugang und diese ganzheitliche Wahrnehmung entwickeln könnte. Ich kann es nicht völlig ausschließen, halte es aber doch nach meinem jetzigen Kenntnis-Stand für unmöglich. Die Weite des geistigen Sinn-Empfindens ist anders, ist offen und frei und der Geist kann sich darin frei bewegen. Dass der Geist das göttliche, spirituelle Sinn-Erleben sucht, macht ihn nicht berechenbar, denn im göttlichen Bereich ist Berechenbarkeit nicht mehr gegeben, denn Dein Geist, oh Gott des freien Schöpferwillens, steht frei über allem.

Wird das Wollen von Gefühlen geleitet? Wille und Gefühle sind stark verbunden. Das Gefühl sagt uns, was wir wollen sollen. Doch in unserer irdischen, begrenzten und inzwischen technisch organisierten Welt können wir nicht immer einfach wollen, was wir nach unseren Gefühlen wünschen. Auch sind ja Gefühle, wie schon beschrieben, vielfältig ineinander verschachtelt.

So müssen wir oft Umwege in unserem Wollen hinnehmen, um endlich unser tiefstes spürbares Wollen einer Erfüllung näher zu bringen.

Daher ist auch unser Wollen sehr stark verschachtelt, und wir tun oft Dinge, die wir gar nicht gerne tun wollen (beispielsweise in der Arbeit), nur um einem noch wichtigeren Wollen, einem entfernteren Ziel näher zu kommen, für das noch etliche Hürden zu überwinden sind.

Sehr oft ist unter vordergründigem Wollen ein viel tieferes und grundlegenderes Wollen verborgen. Manchmal ist es uns bewusst (beispielsweise arbeiten um zu essen, Miete zu zahlen und auch um in den Urlaub fahren zu können), des öfteren sind uns aber selbst die verborgenen Wünsche und Sehnsüchte nicht klar. Das hat inzwischen auch die Psychologie deutlich aufgezeigt.

Vordergründige Notwendigkeiten können das tiefer liegende Wollen ersticken. Dann kann so manches aus dem Ruder laufen, ohne dass man sich klar ist, wieso.

Meditation, Gebet, Stille vor Dir, oh Gott, können helfen, das Wollen und die Ziele wieder richtig zuzuordnen und das innere Wünschen nicht ganz aus den Augen zu verlieren – oder zu erkennen, dass manches nicht mehr zu erreichen ist. Dann muss nach noch tiefer liegenden Sehnsüchten „gegraben" werden.

Denn die tiefste Sehnsucht, die Sehnsucht nach Dir, oh Gott, diese Sehnsucht wirst Du dem ehrlich Suchenden nicht vergeblich sein lassen, auch wenn die Weise, wie Du diese Sehnsucht in Deiner Liebe beantwortest, überraschend sein kann.

Wenn ich mich aber trotzig-enttäuscht von Dir, oh Gott, abwende, dann kann es sein, dass meine Schwierigkeiten nach und nach immer mehr anwachsen, bis sie mir über den Kopf wachsen. Dann ist es Zeit für eine tiefe Innenschau – manchmal erzwingt eine Krankheit diesen Weg (damit will ich aber nicht behaupten, dass jede Krankheit diese Ursache haben muss, das würde ich mir nicht anmaßen). In einem solchen Fall, kann paradoxerweise eine Krankheit heilsam sein.

Das Wollen ist ganz stark mit den Gefühlen verbunden. Die Gefühle aber, so meine Sichtweise, oh Herr, berühren mehr mein Inneres, bewegen mich in die grundsätzlich richtige Richtung (wenn mein Gefühls-Haushalt noch heil und in Ordnung ist – so ganz ist das heute nur noch selten bei jemanden der Fall). Aber das Wollen ist „vernünftiger" als die reinen Gefühle. Es denkt nach und überprüft, ob ein unkontrolliertes den Gefühlen Nachgeben nicht schlimme Folgen haben kann, oder es erkennt, dass erst Hindernisse mit Mühsal überwunden werden müssen oder ein Wunsch-Wollen auch manchmal unerfüllbar ist.

Leider kann zu viel Nachdenken, Planen und Vorausschauen dazu führen, dass ich die Beziehung zu meinen Gefühlen verliere – die Vernunft ist nicht immer mein Freund und der Ratgeber für den besten Weg. Aber im Allgemeinen ist es sinnvoll, vernünftigen Überlegungen zu folgen – aber wie gesagt – nicht immer, oh Herr und Gott, der Du die Weite des Daseins und aller Möglichkeiten überblickst.

Ob unsere moderne Welt manchmal uns zu sehr auf das Denken verweist, und die Stimme des Fühlens zu sehr erstickt – das frage ich mich manchmal, oh Herr.

Aber ich glaube, unsere tieferen Gefühle kann man nicht auf Dauer unterdrücken, ohne krank zu werden. Doch sehe ich heutzutage die Gefahr, oh Herr, dass unerwünschte Gefühle irgendwann in unserer hochtechnisierten und durchorganisierten Welt unkontrolliert und die Massen ansteckend in gefährlicher Weise durchbrechen. Dann unterwirft sich das Wollen sehr bereitwillig den Gefühlen. Mit einem „explosionsartigen" Freisetzen von Gefühlen könnte viel Schaden angerichtet werden. Doch vielleicht ist dieser Schaden erträglicher – selbst wenn er vielfaches Leid und Sterben bedeuten würde – als weiterhin mit unterkühlten und stark reduzierten Gefühlen leben zu müssen. Nur Du alleine, oh Herr, weißt, was hier recht ist.

Erlebte Willens-Freiheit ist meiner Ansicht nach, oh Herr und Gott, nur möglich, weil der Geist sich 4-dimensional (und höher) in die Zeit-Räume hinein ausdehnt, während unser Körper physisch 3-dimensional an den Jetzt-Zeit-Punkt gebunden ist. Daher kann ich mir Zukünftiges vorstellen und planen. Die offenen Möglichkeiten sind in der Zukunft noch nicht in verwirklichte und nicht-verwirklichte eingeteilt und in dieser Form noch nicht der Vergangenheit zugehörig. Ich kann also noch etwas verändern, wenn ich möchte, kann bewirken, dass die eine Möglichkeit verwirklicht wird, die andere aber nicht.

Ich vermute, oh Herr, ein Roboter kann sich nicht frei entscheiden, sondern er muss stur den Rechen-Ergebnissen (exakte oder auch Wahrscheinlichkeits-Berechnungen) folgen. Wenn es kein genügend eindeutiges Ergebnis gibt, entscheidet vermutlich ein eingebauter Zufalls-Generator.

Deswegen würde ich nach meiner Ansicht Entscheidungen durch Rechner nicht als freien Willen bezeichnen. Und das auch, oh Herr des Daseins, da die Entscheidungen aus der Berechnung der physischen 3-dimensionalen Körperwelt (mit durch Sensoren zum Jetzt-Zeitpunkt festgestellten Daten) mit 1-dimensionalen Zahlen kommen. Die Entscheidungen sind meinem Verständnis nach entweder eindeutig und ohne Wahlfreiheit oder aber zufällig (Zufalls-Generator).

Man sollte sich jedoch keineswegs der Illusion hingeben, dass Rechner von uns Menschen noch immer ganz zu kontrollieren sind. Indem die KI mit Sensoren und über Datenträger und Internet Daten selbsttätig aufnimmt - Daten, von denen wir nicht einmal mehr genau wissen, oh Herr und Gott, was diese Daten enthalten - werden die Entscheidungen der KI für uns nicht mehr berechenbar. Die KI handelt zwar nach vorgegebenen Zielen, lernt aber eigenständig dazu, und es ist ungewiss, welche Zwischenziele sie daraus ableitet und wie sie diese verfolgt.

Bedeutet die relativ häufige Treffsicherheit von Algorithmen, oh Herr und Gott, auch was unser emotionales Verhalten betrifft, dass wir sogar emotional berechenbar vorherbestimmt sind, auch wenn es sich nicht so anfühlt? Gibt es emotionale „Verhaltens-Cluster", das heißt Verhaltensformen, die nahezu immer gemeinsam auftreten? Wie zwingend wären diese Cluster-Verbindungen? Diese Frage, oh mein Herr und Gott, der Du alle Zeiträume überblickst, wird wohl erst die Zukunft uns Menschen genauer beantworten, wenn die KI noch weiter ausgereift ist, und ihre berechnenden Fähigkeiten und Grenzen deutlicher werden. Wir stehen ja vermutlich erst am Anfang der KI-Entwicklungen.
Die Psychologie kennt ja schon lange häufig ablaufende emotionale Zusammenhänge. Doch ich vermute, oh Herr, dass es Bereiche gibt, Bereiche die nahe bei Dir und dem göttlichen Daseins-Sinn liegen, die sich der Berechenbarkeit grundsätzlich entziehen.

Ein Vergleich mit der Quantenphysik: das Licht als Teilchen wird in der 3-dimensionalen physischen Körperwelt gemessen, das Licht als Welle ist ja nur in Bewegung feststellbar, und nur durch den Trick mit dem Doppelspalt werden die Auswirkungen der Wellen durch Häufungen und Minderungen des Auftreffens von Licht auf eine fotosensible Wand erkennbar.
Ist es mit unserem physischen Körper und unserem Geist genauso, oh Herr und Gott des Heiligen Geistes? Sind die Auswirkungen der geistigen Gefühle und des geistigen Willens zwar in ihren Auswirkungen auf die 3-dimensionale Welt feststellbar, aber der Geist als solcher bleibt grundsätzlich geheimnisvoll?

Gibt es einen Willen und eine Willens-Freiheit der Menschheit als Ganzes, oder sind wir auf der Ebene der Gesellschaft unfrei? Ich glaube, oh Herr, zur individuellen Willens-Freiheit gehört auch die gesellschaftliche, die Freiheit der Menschheit als Ganzes.

Die Schuldfrage, oh Herr und Schöpfer von uns Menschen, empfinde ich als schwierig. Immer mehr zeigt die Psychologie auf, dass wir von Vorbedingungen und umgebenden Bedingungen abhängig sind. Wo beginnt da die Freiheit der eigenen Schuld? Ich könnte mir vorstellen, dass diese auf einer ganz hohen Ebene, auf der Ebene der Daseins-Bejahung existiert. Aber ist uns das immer bewusst? Und sind wir, oh Herr, immer frei, unser Dasein zu bejahen? Ich finde diese Fragen nach der Schuld und nach dem Bösen für mich persönlich als zu schwierig. Ich halte mich daran, oh Herr, Taten, die ich als „böse" wahrnehme, zu verurteilen, aber nicht den Menschen, der sie begeht.

Dass ich trotzdem wütend auf jemanden sein kann, auch sauer oder enttäuschst, oh Herr, das, denke ich, ist natürlich. Aber der andere hat immer eine Chance, dass ich ihn neu und besser wahrnehme. Meine emotionalen Urteile sehe ich nie als endgültig an, und schon gar nicht sollte ich sie als mit Deinem Urteilen, oh Gott, verbunden ansehen.

Und ich glaube an das Göttliche in jedem Menschen, Deinen göttlichen Funken im Geiste des anderen. Dieser Funke kann allerdings (schuldhaft oder schuldlos?) verdunkelt und unsichtbar sein kann. Ich begreife es auch als meine eigene Schwäche und Hilflosigkeit, wenn ich das Göttliche im anderen nicht mehr erkennen kann.

Auch einem Menschen, den ich achte und vielleicht sogar liebe, kann ich bisweilen wünschen, dass sein Wille sich nicht durchsetzen möge, dass ihm etwas in die Quere kommt, auch wenn es für ihn schmerzhaft sein mag. Für wichtig halte ich es dabei jedoch - oh Herr und weiser Richter über alles Werden und Vergehen – dass ich mir dabei innerlich (bewusst oder unbewusst) wünsche, dass er durch die schlechte Erfahrung von einem falschen Weg ablässt und einen für ihn besseren Weg einschlägt. Dabei sollte ich mir aber auch klar machen, dass ich nicht immer wissen kann, was für einen anderen wirklich der bessere Weg ist. Auch besteht die Gefahr, dass ich mir aus egoistischen Gründen selbst etwas vormache und einrede, ein anderer Weg sei besser für ihn.

Nicht gut erscheint es mir, oh Herr, wenn ich jemandem anderen aus egoistischen Interessen oder aus Neid Unglück wünsche oder ihm unnötigerweise rücksichtslos schade. Doch dies bei einem anderen Menschen klar zu erkennen, wenn er so handelt, halte ich für schwierig. Daher sehe ich es im Allgemeinen für klüger an, den Handlungen, die ich ablehne, zu widersprechen oder sie sogar zu verhindern, aber nicht den Menschen dahinter zu verurteilen und als sündig zu bezeichnen.

Im Allgemeinen komme ich bei der Schuldfrage besser, oh Herr, mit der buddhistischen Vorstellung zurecht, dass „Böses" aus Unwissenheit entsteht, aus dem Nicht-Erkennen der wahren Natur des Geistes. Ich empfinde es meist so, dass jemand, bei dem ich vermute, er ist „böse" (innerlich oder äußerlich sichtbar), dass dieser irgend etwas falsch versteht, falsch wahrnimmt, nicht erkennt, nicht die tieferen Zusammenhänge erfassen kann, nicht auf Deine Liebe hin, oh Herr und Gott, sich öffnen kann. Doch dieser letzte Punkt, das sich Verschließen vor Deiner Liebe: ist es immer frei entschieden? Kann ich mich auf Dich hin öffnen, wenn ich gar nicht von Dir weiß, oder mir gelehrt wurde, dass es Dich doch nicht gibt, oder ich mein Leben so grausam erlebe, dass es vor allem aus Furcht besteht? Ich kann diese Fragen, oh Herr, nicht wirklich beantworten.

Ich kann mir, oh Herr, verschiedene Vorstellungen von der Willens-Freiheit machen. Ich weiß nicht, ob tatsächlich eine wirklich zutrifft, oder ob die Wahrheit für unseren Geist viel unbegreiflicher ist:
1. Es gibt eine eingebildete, eine nur scheinbare Willensfreiheit (vielleicht nur gefühlt). Für mich wäre es nicht schlimm, denn ich vertraue darauf, dass von Dir, oh Herr, alles weise eingerichtet ist. In der Zukunft ist die jetzige Gegenwart sowieso nicht mehr „frei" sondern festgelegt. Solltest Du, oh Herr und Gott der Ewigkeit, der Du nicht Zeit-gebunden bist, schon alles entschieden und festgelegt haben, ist das für mich nicht beunruhigend. Ich werde mich aber dennoch so fühlen, als könnte ich im Jetzt-Zeit-Punkt meiner körperlichen Gegenwart freie Entscheidungen treffen.
2. Ich besitze nur eine Willensfreiheit auf physischer Ebene – ich kann beispielsweise entscheiden, wie ich meine Muskeln

bewege. Aber meine Psyche ist durch alle möglichen Vor-Bedingungen und die aktuelle Umgebung schon festgelegt. Dies erscheint mir allerdings etwas unwahrscheinlich.
3. Ich besitze eine Willensfreiheit gegenüber meinem Daseins-Sinn – dafür muss ich diesen jedoch auf irgend einer Ebene erkennen, wenn auch vielleicht nicht im christlichen Glauben oder vielleicht nicht einmal in einer religiösen oder spirituellen Lehre.
4. Willensfreiheit gegen Gottes Willen – das wäre, oh Herr, die Freiheit Adams und Evas, die auch wir „geerbt" hätten. Es würde bedeuten, dass wir uns wissentlich und mit Kenntnis gegen Deinen Willen entscheiden können.
5. Willensfreiheit ganz allgemein, soweit meine Entscheidungen nicht den physikalischen Gesetzen und den gesellschaftlichen Möglichkeiten widersprechen.

Ich halte es aber, wie gesagt, oh Herr, für möglich oder sogar für wahrscheinlich, dass es sich noch ganz anders verhält.

Für mich ist folgendes sehr wahrscheinlich, oh mein Herr und mein Gott: Sinnempfinden, das Du uns schenkst, das ordnet das Wollen, und vom Sinnempfinden aus ist Freiheit des Willens möglich.

Ich bin mir wirklich nicht ganz sicher, oh Herr, ob wir „objektiv" einen freien Willen haben, aber ich vermute es. Doch vielleicht kommt es gar nicht darauf an. Wichtig ist, dass wir das Gefühl haben, uns entscheiden zu können. Und das hat ein Stein aller Wahrscheinlichkeit nicht. Dieses Empfinden, dass uns in der Welt viele Möglichkeiten offen stehen, und dass wir uns frei für eine entscheiden können, das ist für mich die Wirkung Deines göttlichen Geistes, oh Herr, der Erkenntnis von höherdimensionaler Warte aus.

Dass wir dann trotzdem das Naheliegende und Sinnvolle wählen, ist ja kein Argument gegen die Entscheidungs-Freiheit. Diese ist aber nur von höherer Warte aus erkennbar und erlebbar. Ein Rechner kann sich nur nach Rechenergebnissen oder nach einem Zufallsprinzip entscheiden.

Das herrliche Gefühl, oh mein Herr und mein Gott, jetzt frei zu sein, und zwischen Möglichkeiten wählen zu können, das ist wunderbar. Aber diese Wahlfreiheit und das damit verbundene

Empfinden sind meiner Ansicht nach dem Göttlichen, sind Dir nahe. Es ist nicht das Göttliche selbst, aber es ist ihm näher, oh Herr, als unsere 3-dimensionale körperliche Welt.

Vielleicht ist Willens-Freiheit zusammen mit den Gefühlen die Grundlage, oh Herr, für Deine wunderbaren Gaben wie:
Spielen, Lachen, Neugier
Freude, Glück, Zufriedenheit
und Sinnempfinden

Unterschiede: Gefühle und Wollen

Gefühle und Wollen sind zwar intensiv miteinander verbunden, aber sie sind doch in meinen Augen, oh Herr, auch wieder sehr unterschiedlich.

Gefühle kann man nicht wollen, Gefühle entstehen und sind da. Gefühle wachsen, wenn sich das Erleben oder die Vorstellung in Zeit-Räume hinein ausdehnt und dabei das Ereignen in einem ausgedehnten Zeit-Raum über-blickt.

Ich kann - oh mein Herr und mein Gott, dem nichts verborgen ist - meinen Geist vor bestimmten Ereignissen abschotten, oder ich kann auch umgekehrt Ereignisse immer wieder gerne in der Vorstellung erleben.

Aber ich kann nicht bestimmen, welche Gefühle bei den Vorstellungen entstehen. Gefühle unterliegen nicht meinem Willen.

Gefühle können durch Psychopharmaka oder Drogen oder durch experimentelle Hirnreizungen verändert werden. Diese Veränderungen, oh Herr, scheinen mir entweder etwas zu verdrängen (bei Einnahme von Antidepressiva fühlen sich viele etwas „reduziert") oder etwas frei zu setzen, das sonst unterdrückt, nicht angeregt oder nicht sinnvoll ist (Aggressionen bei Hirnreizungen, oder ungeordnete Wahrnehmungen durch Drogen). Aber die Gefühle sind meiner Ansicht nach nicht die Reize oder die Chemikalien selbst (es sind auch nicht die inner-körperlichen Botenstoffe und Nervenreize). Was Gefühle physisch sind, oh mein Herr und mein Gott, kann ich nicht sagen – vielleicht entziehen sie sich sogar einer physischen Darstellung, weil sie in den Zeit-Raum hineinreichend höher dimensional als die physische Jetzt-Zeit-Punkt gebundene Körperwelt sind.

Nicht nur von außen kann man Gefühle unterdrücken, auch ich selbst kann dies tun. Wut, Traurigkeit oder Verlangen kann ich beispielsweise so beiseite schieben, oh Herr, dass ich sie selbst nicht mehr wahrnehme. Ich kann dann voller Überzeugung sagen: „ich bin doch gar nicht wütend", „ich bin heute besonders fröhlich" oder „das interessiert mich überhaupt nicht". Ein hellhöriger Zuhörer wird vielleicht ahnen, dass ich mich hier selbst belüge.

Psychologen und Mediziner wissen, dass unterdrückte Gefühle sich dann auf anderen Ebenen auswirken können. Hier verdanken wir der Psychologie viel. Gefühle sind oft eben nur unterdrückt und nicht verschwunden.

Spirituelle und religiöse Praktiken behaupten, dass sie Gefühle verwandeln können. Ich halte es für möglich, wenn diese Praktiken tatsächlich einen Kontakt mit dem höchsten Daseins-Sinn herstellen können. Ich halte nämlich den Daseins-Sinn, oh Herr und Schöpfer des Daseins, für die Wurzel unserer entstehenden Gefühle. Sie sind auf den Daseins-Sinn hin geordnet. Sie können aber aus verschiedensten Gründen fehlgeleitet werden (falsche Werte-Erziehung, falsche Informationen, zu viel Verdrängung, zu viel scheinbar oder wirklich Nötiges, so dass man keine Zeit und Ruhe mehr findet, sich innerlich mit dem Daseins-Sinn zu verbinden).

Da der ursprüngliche Daseins-Sinn nicht von uns selbst „gemacht" werden kann, sondern uns von Dir, oh Herr und Gott, geschenkt wird, können wir ihn auch nicht manipulieren und auslegen, wie wir möchten. Und daher, so denke ich, können unsere Gefühle auf oberflächlicheren Ebenen irre geleitet werden und mit Drogen und Medikamenten verändert werden – denn sie stehen ja mit der Umgebung und auch mit dem Wollen in stetiger Verbindung – aber sie sind nicht wirklich beherrschbar. Ich kann sie nicht einfach „abschalten". Und den letzten Daseins-Sinn kann ich zwar verdunkeln, aber niemals auslöschen.

Anders, so nehme ich es wahr, oh Herr, ist es mit dem Wollen. Das Wollen schaut in seinen Vorstellungen viel weniger überblickend auf Ereignisse, sondern es sieht zielgerichteter, es will etwas zu einem bestimmten Zeit-Punkt erreichen. Das Wollen ist aktiv planender und tätiger als die Gefühle. Der Wille arbeitet bei uns Menschen meist sehr intensiv mit dem Denken zusammen.
Der Wille ist punktförmiger als das Gefühl, er ist weniger ausgedehnt. Er schaut mehr auf „Veränderungspunkte" als auf die gesamte Weite der Zeit-Ausdehnung. Der Wille ist Ergebnis-orientierter.
Der Wille kann auch etwas durchsetzen, was das Gefühl unangenehm oder beängstigend empfindet (beispielsweise einen Zahnarzt-Besuch).
Gefühle kann ich, oh Herr, auch schwerer verbergen. Wer mich gut kennt, wird meine Gefühle, wenn sie stärker sind, durchschauen. Meinen Willen kann ich aber viel besser verstecken, kann mit Worten andere vom Gegenteil überzeugen. Meinen Willen kann ich bewusst und wirkungsvoll verleugnen, wenn ich das möchte. Spione in Feindesland, denke ich, müssten darin Meister sein (allerdings wohl auch im Verbergen von Gefühlen, wenn nötig).
Gefühle, die andere nicht mitbekommen sollen, die muss ich verbergen, meinen Willen kann ich abstreiten und leugnen. Das, oh Herr, scheint mir durchaus ein Unterschied zu sein. Bei verborgenen Gefühlen würde ich nicht von „Lüge" reden, höchstens von Täuschung, einen bewusst falsch vorgetragenen Willen würde ich aber durchaus als Lüge bezeichnen. Vielleicht liegt das daran, dass Gefühle eben ausgedehnt und nicht wirklich fest zu machen sind, während ein ausgesprochener Wille ziemlich eindeutig ist.

Der Wille der Tiere ist wohl sehr eng mit den Gefühlen und dem gefühlsbedingten Werten verbunden.
Wir aber haben mit unserem Denken eine Welt geschaffen, oh Herr, in der es oft nicht mehr möglich und sinnvoll ist, den Ge-

fühlen sofort nachzugeben. Wir müssen unsere Gefühle oft hintan stellen, um sie erst viel später berücksichtigen zu können.

Unser Wollen wird zwar auch von Gefühlen und von der Sehnsucht nach dem Ur-Daseins-Sinn mit angetrieben und bekommt letzten Endes seine Kraft daher – aber unser Wollen ist oft nur mehr um sehr viele Ecken herum mit den tiefer liegenden und ursprünglichen Gefühlen verbunden.

Unser Wille kann sich das abstrakte Denken zunutze machen – aber er kann sich dabei stark von seiner Basis, von den Gefühlen entfernen. Dies kann so weit gehen, oh Herr, dass ich nicht mehr erkenne, was ich wirklich will, was mir wirklich gut tut, in welcher Richtung mein Daseins-Sinn liegt. Dann geht mir die Daseins-Bejahung verloren.

Das Gefühl kommt meiner Ansicht nach, oh Herr, von „oben", von der Ganzheitlichkeit und fließt vom Ganzen in das Einzelne. Das Denken kommt von „unten", vom Analysieren der Einzelheiten. Und das Wollen ist sowohl mit dem Fühlen als auch mit dem Denken verbunden. In das Erleben jedoch, oh Herr, scheint mir alles mit einzufließen.

Wenn Gefühl, Wille und Denken gut zusammen arbeiten, dann kann dies zu Offenheit und Weite und zu einer starken Daseins-Bejahung führen. Dies zu erreichen können meiner Meinung nach, oh Herr und Gott des Heiligen Geistes, die Spiritualität und die religiösen Praktiken sehr viel helfen. Ich danke Dir dafür. Amen.

Sinn-Orientierung

Es ist Dein Wille, oh Herr und Schöpfer allen Lebens, der mit Liebe das Dasein schuf und erhält, und es Deine Liebe, die in unsere Herzen sinkt, die unseren Geist erreicht, und als Daseins-Sinn und Daseins-Bejahung in uns wirkt und uns lebendig und des Fühlens und Handelns fähig macht.

Vieles, oh Herr und Gott, mag auch in unserem Gehirn wie in

einem Rechner angelegt sein. Aber ich sehe darin nur das Werkszeug des Geistes, der aber selbst weit umfassender darüber schaut, und das Dasein von Deinem Ja aus, oh Herr und Gott, in Weite und Offenheit überblickt.

Sinn erwächst aus Liebe. Liebe ist Bejahung im Ganzen, ohne wenn und aber, mit allem, sie ist umfassend, überblickend, im Zusammenhang mit allen offenen Möglichkeiten, und wurzelnd in Deinem Geist oh Gott.

Ich glaube nicht, dass wir in der Lage sind, uns alleine selbst zu bejahen. Wir können uns letzten Endes nur aus Deine Schöpfer-Liebe heraus bejahen – ob uns das bewusst ist oder nicht.

Können wir uns frei für das Göttliche, für Dich oh Gott, entscheiden? Ich bin mir da nicht so sicher – es spielen so viele Vorbedingungen eine Rolle (Kultur, Erziehung, Erlebnisse). Aber vielleicht kannst Du, oh Gott und Allherrscher, jedem Menschen auf seine eigene Weise nahe sein.

Gibt es für jeden Menschen eine freie Entscheidung, Deine Nähe, Deinen ihm gegebenen weit offenen Daseins-Sinn anzunehmen oder abzulehnen?

Wie offen ist der von Dir, oh Gott der Sinnstiftung, uns mitgegebene Daseins-Sinn? Ich vermute, oh Herr, er ist sehr weit, da Du die Weite des Daseins völlig in Deiner Hand hältst. Du kannst den Weltenlauf lenken und dennoch Freiheit gewähren, das ist meine Überzeugung. Du brauchst keine exakt berechneten Wege, um zu Lenken, Du schaust das Ganze Deiner Schöpfung und erfreust Dich an unserer Freiheit. Du hast keine Angst vor Kontrollverlust, denn alles ist aus Dir geworden und liegt gelassen in Deiner Hand. Alles ist voller Sinn und umhüllt von Deiner Liebe – auch unsere Freiheit. Danke. Amen.

Verbindung zum Göttlichen

Im Glauben, oh Herr der unfassbaren Weite, finden wir den Weg zu Dir.
Tiefster Daseins-Sinn ist meinem Glauben nach mit der Ewigkeit und mit Dir verbunden. Für uns auf Erden ist nichts ewig,

aber unser Geist sehnt sich nach Unvergänglichkeit. Im Glauben an Dich, oh ewiger Gott, findet unser Geist die Ruhe im Vertrauen auf die Unvergänglichkeit im Ewigen Leben, im Vertrauen auf die Unvergänglichkeit bei Dir, im Vertrauen auf die Unvergänglichkeit Deiner Liebe zu uns, unserer Liebe zu Dir und unserer menschlichen Liebe zueinander, zu den Menschen, die wir lieben gelernt haben.

Du, oh einziger, ewiger Gott, bist der Halt in allem Vergänglichen, Du bist unser Ursprung, Du bist unser Ziel, in Dir findet unser Herz sein Zuhause.

Die Hoffnung, die Du uns in Jesus Christus geschenkt hast, diese Hoffnung durchleuchtet geheimnisvoll bereits unser irdisches Leben.

Der Glaube lässt uns hoffen, und die Hoffnung schaut auf die Unvergänglichkeit der Liebe.

Und Glaube, Hoffnung und Liebe entfalten in uns den Daseins-Sinn, geben uns ein lebendiges Ziel, ein lebendiges „Wohin" unseres Weges, schenken uns eine endgültige Hoffnung, und öffnen uns auf eine Liebe hin, auf die wir vertrauen können.

Unser Geist ist für uns die Verbindung des irdisch Begrenzten mit Deiner göttlichen Weite.
Du rufst uns mit einem Gebet der Benediktiner zu: „Verhärtet nicht euer Herz, hört auf die Stimme des Herrn".

Der Tod ist im Glauben das Durchgangstor für den Geist zum Ewigen Leben. Unser Geist ist ja schon hier auf Erden fähig, Zeit-Räume wahrzunehmen. So kann er, oh Herr, nach dem Tode auch die Ewigkeit erkennen. Muss er dafür den Körper zurück lassen? Oder wird der Körper in verwandelter Form mit in das Ewige Leben genommen? Für mich, oh Herr, ist das eigentlich gar nicht so wichtig, denn wenn Ewiges Leben ein dauerhaftes Leben im Angesicht Deiner Liebe ist, oh Herr und Gott, dann wird mir nichts mangeln, gleich, wie dieses Ewige Leben aussehen wird. Ich glaube allerdings, dass geliebte Menschen auch dort bei Dir zu finden sein werden. Und nichts Irdisches wird uns mehr trennen.

Doch auch auf Erden, so glaube ich, oh Herr und alles lenkender Gott, ist Deine unscheinbare aber wirksame göttliche Führung und Fügung allgegenwärtig, auch wo wir es nicht erkennen.
So ereignen sich Zufälle, oder in unserem Geist entstehen neue Ideen oder Sichtweisen, die die Dinge aus einem neuem Winkel betrachten, die Hoffnung schöpfen lassen und neue Wege eröffnen.

Sehr vielen Menschen hat der Glaube seit Jahrtausenden geistig, und so manches mal auch praktisch, geholfen. Die Hinwendung zu Dir, oh mein Herr und mein naher Gott, ist ein Öffnen auf Deinen Geist hin, auf Deine Liebe – im Glauben und im Vertrauen auf Dich. Denn Du bist da. Amen.

Daseins-Bejahung, Liebe

Liebe: ohne Liebe ist nur „Nichts", keine Schöpfung, kein Dasein, einfach „nichts".

Liebe ist Bejahung.
Deine Liebe, oh Herr und Gott, ist für mich Deine göttliche Bejahung der Schöpfung, ja sie ist womöglich selbst schon die göttliche Schöpfungs-Wirkung.
Menschliche Liebe ist Antwort auf Deine Liebe, ist Bejahung des Göttlichen und Dankbarkeit für die Schöpfung und für die Menschen um mich herum.

Was uns trägt, was uns hält – ob wir es wissen oder nicht – ist Deine unendliche Liebe und Barmherzigkeit, oh Herr. Danke. Amen.

Bergwanderung – eine kleine Geschichte

Inspiriert von Paul McCartneys Song der Beatles:
„The Fool on the Hill"

Markus und Rosmarie waren auf einen hohen Berg gestiegen. Nun erreichen sie endlich den Gipfel – und ein großartiger Blick eröffnet sich vor ihnen. In der einen Himmelsrichtung reihen sich Bergrücken hinter Bergrücken, bis sie weit in der Ferne bläulich und verschwommen werden und schließlich im Dunst verschwinden. In der anderen Richtung senkt sich der Berg steil ab, und Markus und Rosmarie können auf die niedrigeren Berge herabschauen, weiter dahinter erstreckt sich das Land als eine große Ebene. Ein glitzernder Fluss schlängelt sich zwischen grünen Wiesen und dunkleren Wäldern hindurch. Er bringt seit undenklichen Zeiten das Wasser, das durch den Regen hernieder fällt auf einem weiten Weg zum Ozean. Vögel kreisen im blauen Himmel. Irgendwo in der Ferne bilden sich Wolken und verschwinden wieder. Die Luft ist frisch und klar.

Langsam versinkt die rötliche Sonne hinter den Bergen, der Abend kommt, Vögel singen ihr Abendlied. Die Schatten werden länger, die Täler sind bereits ziemlich dunkel. Die Farben wandeln sich in Variationen von Grau, und dann werden sie zu Schwarz. Der Himmel wird tief blau, der Abendstern beginnt zu leuchten. Irgendwo bellt ein Hund. Die Glocken einer entfernten Kirche läuten zum Abendgebet, sie erzählen davon, dass Menschen seit ungezählten Generationen darauf vertrauen, dass in unserer Welt ein guter Gott wirkt, auf den man hoffen kann – in guten und in schlechten Zeiten. Und in alten Zeiten beteten die Menschen bevor es Nacht wurde vertrauensvoll zu diesem guten Gott, und manche tun es noch heute.

Und nun erhebt sich die Nacht mit einem tiefen und weiten Schwarz – aber nicht ohne ferne Lichter. Ein schmaler, zunehmender Mond ist zusehen, und mehr und mehr Sterne beginnen zu funkeln, und je dunkler die Nacht wird, desto heller blinken sie. Im tiefen Dunkel ist der Himmel übersät mit Sternen, die Milchstraße zeigt ihr glitzerndes Band, hingezogen über die Weite des ganzen

Himmels. Sie erzählt uns von zahllosen anderen Welten dort draußen, manche ururalt, manche neuer entstanden innerhalb von Millionen Äonen. Diese ungeheure Weite des Universums können Markus und Rosmarie nur staunend betrachten.

Nachdem Markus und Rosmarie eine Weile dort auf einer Bank gesessen haben und in den Himmel voller Sterne geschaut haben, schlendern sie zu einer nahe gelegenen Hütte, nehmen ein einfaches Abendessen zu sich und legen sich danach schlafen, im Vertrauen, dass am nächsten Morgen die Sonne wieder aufgehen wird, und ein neuer Tag beginnen wird.

Weitere Literatur von mir, unter meinem Pseudonym (für nicht-religiöse Bücher) „Maria Cura"
Die Themen sind mit den hier im Buch aufgeführten Themen verwandt:

Über die 1-Dimensionalität der Rechnerleistung und die Mehrdimensionalität der lebendigen Wahrnehmung habe ich in der Reihe **„Künstliche Intelligenz: Werden Roboter mit KI in Zukunft Gefühle haben?***"geschrieben. Ich empfehle das kleine Büchlein:* **„Band 3 Zusammenfassender Überblick"** *(2022). Band 2 (2019) ist sehr ausführlich und dick. Band 1 (2018/22) ist leider noch etwas unausgereift gewesen, ich wusste damals noch nicht, dass ich bald noch klarer darüber schreiben würde. Ich habe auch ein englisches Büchlein dazu veröffentlicht, aber vermutlich ist es nicht so gut lesbar, da ich selbst übersetzt habe: „Robots with AI – will they become like Humans? Three worlds of different dimensions: calculating, physical bodies, imagination with feelings" (2019).*

In dem Buch **„Möglichkeitenraum – Die unsichtbare Fülle des leeren Raums"** *(2017 – aus Manuskripten von 1994/95 und 2000) beschäftige ich mich ausführlich mit dem Möglichkeitenraum. Es gibt aber eine deutlich kürzere Ausgabe, mit den wichtigsten Auszügen aus dem großen Band. Diese Ausgabe würde ich für den Anfang eher empfehlen:* **„Der kleine Möglichkeitenraum"** *(2017).*

Im Buch **„Geschenk Lebenssinn"** *(2017) beschäftige ich mich mit dem Lebenssinn, und der Weite des Geistes (auch in alltäglichen Situationen). Auch wenn der Hintergrund religiös ist, wird dies in dem Buch nicht besonders dargestellt. Es sollte auch für nicht-religiöse Personen lesbar sein.*

„Das Frühstücks-Ei – Wie die Abhängigkeiten der Welt sich in einem Ei spiegeln" *(2017) ist ein ganz kleines Büchlein (20 Seiten) und im Wesentlichen ein leicht überarbeiteter und ergänzter Auszug aus einem Kapitel in „Geschenk Lebenssinn". Es wird dort in lockerer Form beschrieben, was es heute alles braucht (es ist unglaublich viel und die Liste nicht einmal vollständig) bis heute ein Frühstücks-Ei auf meinem Tisch steht. Auch dieses Büchlein habe ich versucht zu übersetzen: „The Breakfast Egg: How the dependencies of the world are reflected in an egg" (2019)*

Für eigene Notizen

Für eigene Notizen

Für eigene Notizen

Für eigene Notizen

Für eigene Notizen

Für eigene Notizen